赵瑜◎著

恋
爱
中
的

郁达夫

河南文艺出版社
·郑州·

图书在版编目（CIP）数据

恋爱中的郁达夫/赵瑜著. --郑州:河南文艺出版社,2021.7

ISBN 978-7-5559-1124-1

Ⅰ.①恋… Ⅱ.①赵… Ⅲ.①郁达夫（1896—1945）-生平事迹 Ⅳ.①K825.6

中国版本图书馆 CIP 数据核字（2021）第 075338 号

策　　划　杨　莉　张　丽
责任编辑　杨　莉
责任校对　赵红宙
版式设计　张　萌
封面设计　书籍/设计/工坊 刘运来工作室

出版发行　河南文艺出版社
本社地址　郑州市郑东新区祥盛街 27 号 C 座 5 楼
承印单位　洛阳和众印刷有限公司
经销单位　新华书店
纸张规格　890 毫米×1240 毫米　1/32
印　　张　10
字　　数　184 000
版　　次　2021 年 7 月第 1 版
印　　次　2021 年 7 月第 1 次印刷
定　　价　59.00 元

印厂地址　洛阳高新区丰华路 3 号
邮政编码　471000　　电话　0379-64606268

在日本东京帝国大学留学时的郁达夫

郁达夫致信孙荃的手迹

郁达夫将著作版权赠给王映霞的赠与书

郁达夫与王映霞

一九三六年,四十岁时的郁达夫

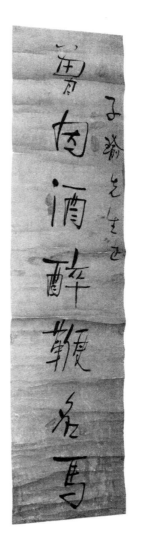

郁达夫诗词手迹:曾因酒醉鞭名马,生怕情多累美人。

王映霞致信郁达夫的手迹

作者简介

赵瑜 1976 年生。中国作家协会会员，河南省文学院专业作家，《散文选刊》副主编。已出版长篇小说《六十七个词》《女导游》等六部，散文集《小忧伤》《情书里的文学史》等十余部。有作品被中央电视台"子午书简"栏目制作五期专题节目推荐，入选当当网年度文学类图书畅销榜。曾获杜甫文学奖等多种奖项。

目录

下部

毁家纪事

楔子　一个始终在变好的人

时代必然会分配给每一个人一些风，一些尘埃。风大一些，一些人便被风沙眯了眼睛，看不清真相；尘埃多一些，一些事物便也失去了本来的颜色。

还好，总会有一些读书人，能有办法穿过这些风，这些尘埃。这些人之所以不被时代的风吹走，是因为，他们在他们所处的时代里，奔走于不同的地方，听不同的风声，自然也被风中的鸟鸣唤醒。

郁达夫比同时代的中国人要幸运的是，二十岁时，他的思想被日本社会里刻意拧大的一些声音给惊醒，关于两性的知识，关于"社会主义"的具体指向，关于个人与国家的关系，等等，这所有的信息无秩序地将他的身体凿开了一个缝隙。是的，说缝隙是谨慎的，因为，骨子里，他有一半的思想还停在中国富阳那个小县城里。

这是一九一五年，中华民国刚刚成立不久，他敏感，自卑，好强，且爱国。

他内心里生出两个郁达夫来，他有意让这两个郁达夫互相搏斗。搏斗，交谈，时而也窥探时代的他者。很显然，那样的年纪里，一个淫邪的郁达夫胜出了。那一年某个冬夜，郁达夫找了一个"肥白高壮"的妓女，结束了自己童贞的男儿身。他在自己的自传里，这样写他的感受："太不值得了！太不值得了！我的理想，我的远志，我的对国家所抱负的热情，现在还有些什么？还有些什么呢？"

两个感叹号，两个问号。郁达夫的二十岁开始了。

他有些自我挣扎，觉得那一夜之后，他不再是他了，是谁呢？是一个被陌生人占据了的郁达夫。他当时是这样想的："沉，索性沉到底罢！不入地狱，哪见佛性，人生原是一个复杂的迷宫。"

这是他对自己的一种安慰或者说逃避。

六年后，一九二一年，二十六岁的郁达夫创作了他的成名作《沉沦》，以自叙传的方式，将一个年轻人的性苦闷、孤独感与家国爱恨联系在了一起。几乎在第一时间点燃了中国的年轻人。学者许子东研究郁达夫经年，他曾经总结小说《沉沦》为什么会受到年轻人的欢迎。因为自从辛亥革命以来，中国的年轻人关心的话题由原来的反抗帝制转移到了"民族主义、个体解放",其中"个体解放"便包括对旧式婚姻的反抗,对个人身体自由的期待。这篇小说里布满了民族主义的话题,还有大胆而露骨的性描写。最重要的是,郁达夫的性描写,并不止于性描写本身,而是有反思意识地来表达性压抑对一个异乡人的压迫。

小说《沉沦》里,堆放着郁达夫二十一岁时的一些情绪。在小说里,郁达夫引用了一段日记,是这样描述他的二十一岁的:"槁木的二十一岁!死灰的二十一岁!我真还不如变了矿物质的好,我大约没有开花的日子了。"

当然,这段引用中,最著名的是他对爱情的渴望:"知识我也不要,名誉我也不要,我只要一个安慰我体谅我的'心',一副白热的心肠!从这一副心肠里生出来的同情!从同情而来的爱情!我所要求的是爱情!"

全是感叹号,郁达夫是一个感叹号爱好者,或者说,他对他的人生有太多的感叹。

二十二岁,郁达夫并没有迎来他所要的爱情,母亲像给他订外卖一样,给他订了一份婚姻。女方比他小一岁,叫孙荃,懂诗文,模样也不坏,宜室宜家。

郁达夫是一个内心需求额度很大的人,他的孤独感远远大于他所处的时代。如果郁达夫生活在一个更为开放的时代,那么,郁达夫内心的饥饿感会少一些。然而,他会因为幸福的增多而变得平庸。

可以说，郁达夫内心里的欲望塑造了他。

一九二三年十月，郁达夫从上海坐船，去北京大学教书，在船上，给郭沫若、成仿吾等人写信，他写到了自己的心绪："天色暗下来了，我想起了家中在楼头凝望我的女人，我想起了乳母怀中在那里咿唔学语的孩子，我更想起了几位比我们还更苦的朋友，啊，啊，大海的波涛，你若能这样的把我吞噬了下去，倒好省却我的一番苦恼。我愿意化成一堆春雪，躺在五月的阳光里，我愿意代替了落花，陷入污泥深处去，我愿意背负了天下青年男女肺痨恶疾，就在此处消灭了我的残生。"

因为上船的时候发生了两件不愉快的事情。一件是，海关的外国检查员看他不顺眼，非要检查他的行李箱，结果在他所带的书中，找到了一册列宁的著作，没收了。还有一件是，上船前，他被卖票口那里的售票员欺诈了，用头等舱的价格，买了一张二等舱的票。

他很生气，自然与那个外国人争吵了几句。这种坏情绪一直到写信的时候还没有散尽。尽管有这样的坏情绪，然而，他想到比他和郭沫若、成仿吾几个人还要苦的人，仍然挣扎在生活的底层，他便也在书信里大度起来，甚至，还生出一种牺牲自己以成全别人的宽阔感。

在船上喜欢写信的人有很多，鲁迅在船上给许广平写情书，徐志摩在船上给陆小曼写情书,沈从文更不必说,他在船上写给张兆和的情书几乎将冬天都赶走了。

郁达夫在船上,给郭沫若等人写了四封信,合在一起,起名叫作《海上通信》,发表于一九二三年十月二十日的《创造周报》上。

十月六日,船还没有到烟台,郁达夫在船上做了一个春梦,又看完了日本作家佐藤春夫的小说《被剪的花儿》。在日本的小说家中,郁达夫最喜欢佐藤春夫。这篇新作中,主人公失恋的细节让郁达夫看得入迷。他很喜欢佐藤春夫这样将自己的精神和生活经验融入创作中的写作方式。他自己也正是这样做的。

郁达夫在创造社的朋友何畏,有一次对他说:"达夫!你在中国的地位,同佐藤春夫在日本的地位一样。但是日本能了解佐藤春夫的清洁高傲,中国人却不能了解你,所以你想以作家立身是办不到的。"

郁达夫在书信里,谦虚地说,自己连佐藤春夫的肩背都还没有看到呢。他的确是崇拜佐藤春夫的。

早在一九二〇年,郁达夫在日本东京帝国大学读经济系的时候,就开始学写小说。是田汉带他认识了日本风头正劲的作家佐藤春夫,于是,一有时间,他便去拜访他。

可以说,郁达夫从旧体诗的写作,转向私小说的写作,有相当一部分原因与他读佐藤春夫的小说有关。他每每在佐藤春夫的小说里发现自己,佐藤春夫的小说里,那些羞耻的想法是他的,人物面临的孤独感也是他的。

似乎是从佐藤春夫的写作里得到了某种启发,郁达夫由一个诗人转身变成了小说家,并写出了一系列自传性质的文学作品。

他的一些小说《沉沦》《茫茫夜》《春风沉醉的晚上》等,都有着浓烈的自我书写意味,而这种将自己内心里的卑劣与现实生活中的窘迫一起抛给读者的"暴露写作",在短时间内便引发了争议。尤其是郁达夫的性描写,更是点燃了那个时代的一些禁忌。

郁达夫不得不向周作人写信求助。也就是说,郁达夫的性描写,在中国的遭遇更多的是嘲讽、打压,甚至敌视。正由于此,才有了何畏对郁达夫所说的"中国人却不能了解你"。

然而,虽然读者不了解郁达夫,但是,郁达夫的这种打破中国传统写作僵局的书写方式,还是很快给他带来了名声。这个名声有褒有贬,但是,他成为一个新时代关注的作家。这是毫无争议的。

郁达夫的自卑和自尊心,本来是一堵墙,将他束缚在一些很狭窄的民族主义或者很虚荣的文学创作的具体事情上。然而,是他所处的时代打开了他。

他个人的家庭,他的孩子的死,以及他的女人的忍耐力,这所有一切生活,都是让他改变的部分原因。

他由一开始的才子气,变得渐渐有了人间烟火的味道。

多年以后,一个曾经听过他课的学生——张白山,写回忆郁达夫的文字,写到过郁达夫对自己文章的评价,那是郁达夫在福州工作期间,张白山在郁达夫的单身宿舍里,听郁达夫说:"我写的东西能够流传下去的恐怕只有《薄奠》《春风沉醉的晚上》二三篇。"张白山补充说:"《沉沦》的影响可大,那是向黑暗的封建大院子投进了一颗炸弹,它是一篇好作品。"郁达夫摇摇头对张白山说:"那是在日本当学生时写的,比较幼稚。"

这虽然是一个人的转述,然而,透露出郁达夫在后期对自己的反思。

郁达夫一生痴迷于男女关系,但他也被女性所教育。从《沉沦》到《迷羊》,从《春风沉醉的晚上》,到《她是一个弱女子》。这些小说标题的变化,几乎也见证了郁达夫内心生活的变化。他的清醒且克制的时光,便是和王映霞恋爱、结婚以后的时光。

那十二年,是郁达夫人生的黄金时代。

刚刚和王映霞建立恋爱关系的时候,郁达夫还是一个沉沦中的无聊的中年,吸食鸦片,赌博,试图和一个寡妇勾搭,甚至惯常就去妓院过夜。作为一个作家,他的私德算不上好。如果苛刻一些,他几乎是个渣男。

然而,"渣"这样的字眼,其实充满了道德的审判感。这也正是郁达夫所担心的。所以,他很聪明地在自己的作品里首先审判了这种欲望。

至于在现实生活中，郁达夫的确正被自己的作品教育，他的作品出版发表之后，不论是被赞美也好，还是被批评也好，这些反馈，其实也是塑造他的一部分内容。

郁达夫的成长是明显的，一开始他的关注点就是个人那点儿事。什么事情呢？生存，欲望，以及尊严。生存方面，是觉得他活得很贫穷；欲望呢，则是觉得没有人爱他；而尊严呢，是因为他一个人漂泊在日本却不被尊重。

这种自然主义的个人经验写作，得益于他的阅读，他读了卢梭的《忏悔录》，也读了佐藤春夫的作品。所以，才会对佐藤春夫非常推崇。

翻看郁达夫一九二七年的日记，七月十二日晚上，佐藤春夫第一次出现在他的《厌炎日记》里，只一句："十二的晚上，佐藤春夫到上海，和他玩了半夜。"十五日的午后，炎热中去拜访佐藤春夫，不遇，佐藤外出了。十六日在南洋西餐厅和胡适一起吃晚饭，并和胡适约定，两个人一起请佐藤春夫吃饭。胡适说，除了周一和周二，其他时间，他都可以的。

十七日，郁达夫到了内山书店里坐了半天，遇到了日本《上海每日新闻》的记者，那记者告诉他说，第二天晚上，日本人俱乐部将为佐藤春夫开一个欢迎会，邀请郁达夫参加晚宴，并让郁达夫也邀请欧阳予倩。欧阳予倩，是知名的编剧，早年也在日本留学。

于是，十八日的郁达夫一阵忙碌，上午将一篇命题作文《考试》送到了商务印书馆，换了四十块的稿酬，然后呢，急着拿这钱给王映霞买花布，可惜没有买到。晚上的时候，和佐藤春夫一起晚餐，大概是酒喝得不够，晚餐后，又换地方去喝酒，趁着酒劲儿，郁达夫邀请佐藤春夫于二十日来吃他请客的饭，作陪者暂时商定有徐志摩、胡适之和欧阳予倩。因为那时候鲁迅还没有到上海，不然的话，一定会请鲁迅到场的，因为佐藤春夫很喜欢鲁迅的作品。

　　七月十九日，午后便请佐藤春夫及其夫人，还有他的妹妹一家去城隍庙逛，整整一个下午，郁达夫都陪着，喝茶，谈天，去妓院喝酒。还给日本的作家菊池宽写了明信片。一直到晚上十二点散酒席，然而，仍然没有回家，郁达夫又跟着佐藤春夫跳舞去了，一直到凌晨四点，才到佐藤春夫的旅馆沙发上睡了一小会儿。

　　七月二十日，又是和佐藤春夫一起吃晚饭，到席的有田汉夫妇、胡适之、陈西滢、欧阳予倩、徐志摩，以及佐藤一家。日记里的原话是这样的："喝酒听歌，谈天说地，又闹到半夜。"

　　这是一九二七年郁达夫日记里的佐藤春夫，可谓上宾好友，无数相陪，无话不谈。要好到可以深夜睡在旅馆的沙发上不走。

　　然而，还没有结束，郁达夫又陪着佐藤春夫一家去了杭州，还借机叫了王映霞一家与佐藤春夫一家吃饭。

　　这样的友谊到了一九三七年抗日战争爆发，便结束了。

一九三六年，郁达夫去日本动员郭沫若回国，与佐藤春夫又亲密相处了几天。在郭沫若的回忆文字里，多次提到这次郁达夫与佐藤春夫的相见，可能导致了他的被杀。因为一九三六年，日本正在筹划侵略中国。佐藤春夫这个时候可能已经暗中与日本军方有亲密接触，将郁达夫视为中国的间谍了。

当然，这只是郭沫若的推测。

郁达夫和佐藤春夫的决裂原因是佐藤春夫的一篇小说《亚细亚的儿子》，佐藤春夫将郭沫若和郁达夫都写进了这部小说里，最重要的是，这个小说，差不多就是佐藤春夫对郁达夫的猜测，在小说里，郁达夫变成了一个很坏的间谍。故事的大意是这样的：郭沫若在小说里姓汪，而郁达夫在小说里姓郑。汪先生一直在日本漂泊着，在日本结婚生子。而他的朋友郑先生在一个秋天来到了汪先生的家里，带着一份秘密的文件，想邀请汪先生回国抗日。结果汪先生回国后便发现自己被骗了，原来姓郑的竟然将他在国内喜欢过的女人占有了，养在西湖畔。于是失望地和郑分手了，并回到了日本占领区，开了一家日本医院，并将日本的妻子接到了中国。

这个故事被拍成了电影，所以，影响颇大。

郁达夫看到这部作品以后，将之前的友谊从内心里删去，他觉得悲哀，觉得有耻辱感，气得翻抽屉找稿纸要写文章来将这些郁闷骂回去，释放出来。一九三八年五月九日，写了一篇批评文字,标题很勇敢,就叫作《日本的娼妇与文士》,这篇文字直抒胸臆,对自己曾经友好的作家佐藤春夫卖身投靠日本军阀的无耻行为进行了严厉痛斥:"佐藤在日本,本来是以出卖中国野人头吃饭的。平常只在说中国人是如何如何的好,中日艺术是如何如何的进步等最大的颂词。而对于我们的私人的交谊哩,也总算是并不十分太坏。但是毛色一变,现在的这一种阿附军阀的态度,和他平时的所说所行,又是怎么样的一种对比!"

郁达夫的转变不只是由漂泊到回国恋爱结婚这么简单,也不只是由一个"袋里没钱,心头多恨"的青年变成了红袖添香的名作家,而是,他生活的那个动乱的时代,将他从一个"小我"里解救了出来,甚至是绑架了起来,让他不得不看到民国的博弈,看到好友的死,看到自己曾经生活过爱过的日本来侵略中国。所有这些,将郁达夫身体里的小我碾碎了,他成了一个有着家国情怀的作家。之前是恨国家不强大,而现在,是将自己投身到国家,不再埋怨和逃避,这样的变化,几乎是一个人人格的高度升华。

当然,他感情上的幸福,是他人生有积极和正义倾向的一个非常重要的支撑。

郁达夫的变化存在于每一次的行走,工作变动,以及他那自卑而敏感的性格所造成的生活冲突里。然而,改变郁达夫最多的,是一九二七年一月十四日,他第一次在留日的同学孙百刚家里见到了王映霞,那天,他在日记中写了这样一句:"在那里遇见了杭州的王映霞女士,我的心又被她搅乱了,此事当竭力的进行,求得和她做一个永久的朋友。"

事实证明,他几乎做到了。

上部

三次诞生

第一次诞生：悲剧

一九三四年，正游山玩水的郁达夫，被一个叫苏雪林的女作家攻击了一番。这位曾经在日记里被他赞美过的女作家，对郁达夫的攻击，几乎上升到了语言的暴力，说郁达夫的小说是"集卖淫文学之大成"，又说郁达夫的语言粗制滥造，如果不是署上郁达夫的名字，而是其他不知名的青年人的名字，根本就不可能发表。

等等。

甚至，这位苏雪林还直接举报了郁达夫，说这个人的小说就应该被禁掉，郁达夫这个人呢，就不能再进行写作，毒害他人，而是应该流放到三千里以外的地方。

呵呵，这苏雪林还真是激烈。

正因此，郁达夫在写自传时给自己的自传写了一篇序言——《所谓自传也者》，这篇文字主要是回复苏雪林的"批评"的。此时的郁达夫,功成名就,早就已经不是当时在王映霞的楼下痛哭的那个一事无成的中年男人。他除了和鲁迅合作编杂志之外,他的生活也早已经被王映霞理顺,可谓妻贤夫达,一切正如沐春风。除了写作上的成功、感情上的幸福之外,郁达夫还有了经济上的丰裕,王映霞在回忆上海的日子的时候,曾经写过,他们家的饮食比鲁迅家里吃得要好。

这种种的丰富,让郁达夫不再急吼吼地去和批评者对攻,他这样写他的感受:"因此,近年来,决意不想写小说了,只怕一捏起笔来,就要写出下流、恶劣的事迹,而揭破许多闺阁小姐、学者夫人们的粉脸。况且,年龄也将近四十了,理想、空想、幻想,一切皆无;在世上活了四十年,看了四十年的结果,只觉得人生也不过是这么一回事;富贵荣华,名誉美貌,衣饰犬马,学问文章等,也不过这么一回事。"

这样一段话,写出来容易,然而,真的能做到,几乎是妄想。然而,当时的郁达夫,偶尔生出这样的感叹,是可信的。他的人生是一个去道德化的人生,他一个人的经历,几乎大于他所处的时代大多数人经历的总和。他对生命中欲望的放纵、捕捉以及反思,都远远超过他所处的时代。所以,他这个时候说他放下了,是可信的。

在这样的语境下,一个近四十岁的中年人,重新梳理自己的出生,自己的成长史,那么,几乎是一种远距离的辨认。这个时候的他,不再吹嘘自己,也不会再将自己的缺陷掩饰。他的自传和鲁迅记录自己幼年生活的《朝花夕拾》不同,这一次,是郁达夫重新打量幼小的自己,他的青年时代,如果是一场关于孤独的失声痛哭,那么,他的童年,也是一场让人怜惜的独自哀伤。

郁达夫出生于一八九六年的十二月七日,农历为十一月初三。所以郁达夫自传第一句,便写了这个日子"丙申年,庚子月,甲午日,甲子时"。夜半时分出生,自然是折腾母亲的。又加上是幼子,母亲先前的奶水都给哥哥姐姐们吃完了,郁达夫说自己是"一出结构并不很好而尚未完成的悲剧"。

郁达夫在回忆时说,那时候,经济未必就很差,但是在思想观念上,对于享乐这件事情非常排斥,比如,谁家生了孩子,如果想要雇一个乳母,那就是不得了的罪过,是清政府统治下才有的坏事情。可能这是民国时的一种反应过度的"道德进步"。正是在这样的语境下,郁达夫的母亲,不但要承担喂养他的工作,还要忙地里和生意上的事情。本来就奶水不足,又加上辛苦劳作,营养不良,导致郁达夫也营养不良,刚满周岁的时候,他得过一场大病,这一病就是一年多,而此时,他的父亲也患了和他同样的肠胃病。郁达夫三岁那年,父亲病死。

所以,郁达夫对父亲没有印象,他是由寡母养大的。

别人说起儿时回忆都是幸福的,即使是家道中落的鲁迅,也还有外婆家可以去玩。而郁达夫的记忆则只有一个字:饿。

一个有过饥饿感的人，与一直温饱的孩子是不同的。那么，郁达夫的成长，正是诠释一个有过饥饿史的孩子，在欲望的自我满足上，远远大于其他人。这一点，成年以后的郁达夫做到了。

郁达夫幼年的记忆不多，郁达夫在自传中这样写他的孤独："两位哥哥，因为年纪和我差得太远，早就上离家很远的书塾去念书了，所以没有一道玩的可能。守了数十年寡的祖母，也已将人生看穿了，自我有记忆以来，总只看见她在动着那张没有牙齿的扁嘴在念佛经。自父亲死后，母亲要身兼父职了，入秋以后，老是不在家；上乡间去收租谷是她，将谷托人去砻成米也是她，雇了船，连柴带米，一道运回城里去也是她。"

还好，家里有一位婢女翠花带着他玩。翠花去河边淘米洗菜，郁达夫就坐在不远处看。淘完了，再跟着翠花回家。不论翠花何时问他，肚皮饿不，他总是觉得饿。

十几岁的翠花便开始承担一家人的家务，洗衣做饭，担柴洒扫，还要带着郁达夫到处走。

也有顾不上郁达夫的时候，郁达夫就去看奶奶念经，大约那经书总是枯燥的，所以郁达夫听不了多久，便到院子里看水缸里的金鱼。有一条大金鱼真好看啊，他就想用手去抓住，结果，胳膊太短了，抓不着。他便设法攀爬到缸上，手伸进水里，眼看着要够到那条鱼了，只觉得眼睛一下子黑了，一头栽进了那大水缸里。

等郁达夫醒来的时候，便看到了哭肿了眼睛的翠花。这下可吓坏了翠花了,她以为这一次,郁达夫一定是要死了。而如果少爷死了,那她也活不好。所以,郁达夫醒了,也是她的某一段生命醒了过来。

郁达夫之所以说自己的出生,是一个悲剧的出生,有两个层面的原因。

其一,是他出生的时候,家境正在败落。郁达夫的爷爷曾经是富阳城里颇有名望的中医,在他的努力下,留下了郁家的院落,以及一部半"庄书"。

郁达夫在自传里写他母亲的悲伤时有这样的段落:"只有孤儿寡母的人家,受邻居亲戚们的一点欺凌,是免不了的;凡我们家里的田地盗卖了,堆在乡下的租谷等被窃去了,或者祖坟山的坟树被砍了的时候,母亲去争夺不转来,最后的出气,就只是在父亲像前的一场痛哭。母亲哭了,我是当然也只有哭。而将我抱入怀里,时用柔和的话来慰抚我的翠花,总也要泪流得满面,恨死了那些无赖的亲戚邻居。"

在这一段文字里,郁达夫所专门写到的"堆在乡下的租谷"等收入,便是祖上留下来的"庄书"的收入。

郁达夫的儿子郁天民在《郁达夫风雨说》一书中,曾经专门介绍了这种"庄书"制度。"庄书"是一种民间管理田赋的制度。在晚清时是通用的做法,而这样的管理制度自唐代便已经开始,一直连绵不止。当时,每一个县,按照行政区域来划分成很多个

"庄",庄的规模和当下的乡镇接近。而一个庄内的山川田地、池塘宅院等所有权的登记造册入籍等事项由民间的"专户"保管。这种册籍就称之为"庄书",而保管册籍的专户就称为"庄书人家"。庄书人家除了保管这些册籍之外,还要负责管理这些册籍的变更、过户,以及注销和新建,等等。这样的劳动付出,决定了管理庄书的人便会在这些册籍的变更过户时收取一定数量的稻谷作为酬劳。于是一个庄书的管理权便代表着一定的收益。

而郁达夫的爷爷给他们这个家里留下了一部半的"庄书",这就是郁达夫家的主要收入来源。

郁天民在《郁达夫风雨说》这部书里这样写郁家的资产情况:"郁家这一部半'庄书',虽属于一般的中等庄,但据说每年收来的'秋丰谷'也可以供全家的半年口粮。"还有"祖遗的十余亩田产,自家种了六亩左右以补口粮,农忙时请些短工帮助;还有一半左右,因十分贫瘠而出租,收入不多"。在当时富阳这个小县城里,"这个家庭,虽比地主大户不足,但比下有余,可以称得上是'中产之家'了。"

然而,这样的中产之家,因为郁达夫父亲的离世,很快便陷入困顿。首先,父亲离世之后,他们不得不高薪聘请一个人代为管理庄书。那么,庄书的收入便减少了许多。其次,因为孤儿寡母,乡邻们开始欺负他们,经常会偷盗他们家的稻谷,家境便开始败落。

郁达夫幼年时的饥饿感便是从父亲离世以后开始的。

郁达夫说自己的出生是一场悲剧的第二个原因,是他对故乡人物的观察。

他在念了很多年书以后,才明白,故乡的那些人是何等的封闭和狭窄。他们只能看清楚眼前的利益,而之外的世界如何变化,他们根本不关心,也没有能力关心。在《我的梦,我的青春》这一篇自传里,郁达夫有这样一段描述:"这些蟑螂的密集之区,总不外乎两处地方:一处是三个铜子一碗的茶店,一处是六个铜子一碗的小酒馆。他们在那里从早晨坐起,一直可以坐到晚上上排门的时候;讨论柴米油盐的价格,传布东邻西舍的新闻,为了一点不相干的细事,譬如说罢,甲以为李德泰的煤油只卖三个铜子一提,乙以为是五个铜子两提的话,双方就会争论起来;此外的人,也马上分成甲党或乙党提出证据,互相论辩;弄到后来,也许相打起来,打得头破血流,还不能够解决。"

这便是郁达夫觉得悲剧的原因,因为,他故乡的人物其实活到了很大的年龄,仍然没有生命的自觉。郁达夫经常会想,如果他没有念书成功,没有成为一个有思想和见识的人,那么,他的出生,不过是为家乡的庸俗生活,又多了一个在茶馆、酒馆里争吵的人而已。

郁达夫幼年的时候,还有一次探险的经历。大抵是某一年的清明时分,郁达夫的母亲一大早便去给父亲扫墓,他的奶奶呢,照例去山后的某个寺庙里念经书,翠花在家里收拾东西没有时间陪他玩,他一个人站在门口叹气。

正好遇到一个英雄的邻居,叫阿千,阿千的父亲是那种以砍柴为生的穷人。阿千的兄弟姐妹很多很多,然而,却挤在很窄的住处,经常连一件像样的衣服都没有,然而,阿千却因为常常跟着他的父亲混在大人堆里,所以很是胆大。这一点,郁达夫对他是顶顶佩服的。

这一天,阿千从家里出来,背着绳索和钩刀之类的工具,唱着戏词出来,要去山上砍柴,看到郁达夫无趣的样子,就对他说,你跟着我去探险吧,山上有很多好吃的果子呢,还有刺莓,我每天上山都吃得肚子好撑,你要跟我来,我可以采一大堆给你。还有啊,到了中午的时候,我刚好砍完柴,顺路可以将你带到山后面的直觉寺里,你去找你的奶奶。

郁达夫一听是好主意啊,没有多想,便跟上他向山上去。阿千之于郁达夫,就像是闰土之于鲁迅。闰土教会鲁迅很多乡间的知识,如何捕鸟,如何捉鱼。而阿千呢,则告诉郁达夫山上的野果子和树木的名字。郁达夫这样写阿千:"我的对于这一次冒险的惊惧之心就马上被大自然的威力所压倒。这样问问,那样谈谈,阿千真像是一部小小的自然界的百科大辞典,而到盘龙山脚去的一段野路,便成了我最初学自然科学的模范小课本。"

郁达夫从来没有爬过山,在山上看到一种薇蕨草,像小孩子

22

的拳头一样,握在一起,他幼年时总爱幻想,觉得那个薇蕨的拳头有可能要伸出来打自己一下,所以,吓得绕着它走。阿千便笑着给他解释说:"这是薇蕨,摘了去,把下面的粗干切了,炒起来吃,味道是很好的哩!"原来可以吃,阿千的解释让郁达夫的胆子大了不少。

郁达夫在山上睡了一觉,做了一个梦,梦到自己在一个船上,到了一个自己根本不认识的地方。这个梦,他后来差不多实现了。他先后坐船去日本,回上海,去广州,返回北京,又去福建,再去马来西亚,所有这些奔波,都是不停地坐船啊坐船。

他的梦几乎是一种命运的暗示。

那一天,砍完了柴的阿千,终于将郁达夫送到了直觉寺的奶奶那里。一群念经的阿婆们对郁达夫的壮举非常的吃惊,她们很关心郁达夫到底是如何走过来的,遇到危险没有。郁达夫便将一路上如何与阿千采集野果的过程全都细细说了。阿婆们更觉得这孩子聪明极了,便问郁达夫,长大了以后想要干什么。

那一群虽然念佛经却仍然没有摆脱世俗价值观的婆婆,期待郁达夫能说将来做科学家,或者是探险家,以及官员之类的宏伟的人生目标。然而,郁达夫开心地大声说,将来我要做一个砍柴的。

哈哈,这可真让人泄气。

他之所以如此神气地告诉奶奶们他长大了要做一个砍柴人,

是因为小阿千在他的眼里太完美了,不但熟悉这一片山上的植物,还有很强大的采摘能力,简直是他的人生导师。

然而,让郁达夫感觉到悲伤的是,多年以后,当郁达夫留学日本回来,打听阿千的消息,才知道,这个童年时让他十分崇拜的偶像,却因为爱喝酒,在一次涨水的时候,醉酒跌入河里,淹死了。阿千非但没有成功,还成为他父亲一样庸俗的人物。这让郁达夫对于人性的约束有了更加清醒的看法。

他知道,一个人,如果不离开家乡,那么,他们就是家乡的俘虏。

他悲伤于自己最初喜欢的东西都一一逝去,或者变得让人悲伤。这既是成长的代价,也是一个人变得清醒后必然伴随的痛苦。

除了所谓自况的出生是一个悲剧,郁达夫的幼年还有过一件伤心事。

我想说的不是这件伤心事本身,而是这件事情背后,所透露出来的郁达夫的价值观的源头,是错谬的。

郁达夫读书颇有本事,因为成绩好,学校里的老师让他和几个成绩好的孩子,直接跳级升学。这自然是一件让家人骄傲的事情,也因为这份荣誉,所以那年开学的时候,郁达夫想让母亲给他买一双皮鞋。

郁达夫这样写他的虚荣:"在当时的我的无邪的眼里,觉得在制服下穿上一双皮鞋,挺胸伸脚,得得得得地在石板上走去,就是世界上最光荣的事情;跳过了一班,升进了一级的我,非要如此打扮,才能够压服许多比我大一半年龄的同学的心。"

然而,家里的钱都已经交了学费了,郁达夫的母亲没有凑到两元钱,决定带着郁达夫去到皮鞋店里去赊,不付钱将鞋子先穿走,等过一阵子有钱了,再还上。

然而,郁达夫的母亲带着小小的郁达夫一家店一家店地去试,去求人,均没有人答应。这些店员们听说郁达夫的母亲要给儿子买皮鞋,在开始的时候,一脸的笑容,摸着郁达夫的头表达亲昵,然而,一听郁达夫的母亲说,手里没有现钱,要先赊着,脸色便立即变了,他们推托只有账房先生有这样的权力,然而,账房先生出来以后,仍然是拒绝了。

走到了最后一家隆兴字号店铺的时候,那是郁达夫最后的希望了。然而,一样的结局,等到那家的账房先生拒绝了母亲的要求以后,母亲的脸红红的。郁达夫看了母亲一眼,知道母亲为了自己的愿望受了委屈,便默默地跟着母亲回了家。然而,母亲到了家以后,擦了擦眼泪,到了房间里,收拾了一包衣服准备去当铺里典当了换些钱,给郁达夫买皮鞋。郁达夫还算懂事,一把拉住母亲,哭着说,他不要皮鞋了,不让母亲去当衣服。

郁达夫在《书塾与书堂》这篇文字里这样写他当时的内心:"娘,娘!您别去吧!我不要了,我不要皮鞋穿了!那些店家!那些可恶的店家!"

郁达夫说他从此以后,在穿着上不再追求了,不但衣服和皮鞋不再要求穿新的,连学习用品一应都不再追求新的,只用功在读书上,甚至还喜欢和贫穷人家的孩子交朋友。甚至,他也从此对那些有钱人开始仇恨。

然而,不得不说一下,郁达夫的这种仇恨的心理是一种孩子气的荒诞。因为店家并没有做错,商店里不赊皮鞋可能并不是针对郁达夫一家人的,而是对全县城的人都是如此的。是郁达夫自己的虚荣心,非要闹着让母亲给买皮鞋,而母亲呢,又对孩子过度溺爱,家里明明已经没有钱了,就应该和郁达夫说下个学期有了钱再给他买。

郁达夫的母亲抱着试试看的态度本来也没有错,但是要给孩子讲清楚,不要让他抱着那么大的希望,结果,人家按照规定没有赊给他一双新皮鞋,孩子便开始对那些商店的老板生出了恨意。"那些可恶的店家!"这其实是典型的污名化的逻辑。

你自己没有钱,别人不赊给你,怎么就成了别人是坏人呢?

这种逻辑,其实影响了郁达夫很长时间,一直到他出国留学的时候,他仍然没有逃出这样的逻辑范围。比如,他在日本受到了歧视,第一时间从不思考是不是因为自己做的事情让人歧视了,而是总想将责任推脱给别人,找到一个别人是坏人的理由,然后去骂他们。如果找不到这样的理由,那么,他便开始埋怨中国的弱小。

当然,在幼小的年纪里,郁达夫有了一种超出他年纪的荣辱观,这对于他以后能够在众多人里脱颖而出,是有着非常好的起点的。他在文章里写道:"当时虽还只有十一二岁的我,经了这一番波折,居然有起老成人的样子来了,直到现在,觉得这一种怪癖的性格,还是改不转来。"

郁达夫敏感,内向,老成,和幼年时的这种细微的生活打击是有关系的。

第二次诞生：色情狂

一九二一年十月十五日,郁达夫小说集《沉沦》由上海泰东书局出版,内收了《自序》和《沉沦》《南迁》《银灰色的死》三个短篇。《沉沦》的出版,像一夜春雨湿润了那个时代,郁达夫赤裸的书写,叫醒了很多年轻人的身体。如果说,一八九六年冬天郁达夫的诞生,是他的肉体的诞生,那么,在一九二一年这个年份,作家郁达夫从此诞生。这是他又一次获得了艺术审美的生命。

郭沫若在《论郁达夫》一文中写道:"在创造社的初期郁达夫是起了很大的作用的。他的清新的笔调,在中国的枯槁的社会里面好像吹来了一股春风,立刻吹醒了当时的无数青年的心。他那大胆的自我暴露,对于深藏在千年万年的背甲里面的士大夫的虚伪,完全是一种暴风雨式的闪击,把一切假道学、假才子们震惊得以致狂怒了。为什么? 就因为有这样露骨的真率,使他们感受着作假的困难。"

《沉沦》是中国现代文学史上的第一部短篇小说集,因为比鲁迅的《呐喊》出版得还要早两年。然而,郁达夫很快便受到了批评。一方面是年轻人的追捧,另一方面是社会道德爱好者的强烈的批评。

那年的十一月,在安庆的郁达夫给周作人寄了一本书,用英文给周作人写了一封求助信,信的内容是这样的:非常尊敬的周先生:请原谅我缺乏绅士风度!随同这封明信片给你寄去上个月刚出版的短篇小说集《沉沦》。我希望你出自内心对我的作品进行坦率的批评。上海所有文人都反对我,我正在被迅速埋葬,我希望你是给我唱悲哀的挽歌的最后一个人。你的敬慕者,郁文。

随后不久,周作人给郁达夫的《沉沦》写了一篇评论发表在《晨报副刊》上,为郁达夫做了辩护。然后呢,骂郁达夫的人便少多了。

郁达夫身体里,其实一直住着两个人。其中一个是羞涩内向的少年。这便是他自传里所描述的那个自己,也是理想中的自己。

至于现实生活中的郁达夫是不是真的如此,我们已经无法考证,只能选择相信他的自述。

在《水样的春愁》一文里,郁达夫自称是一个性晚熟的人,他写道:"从性知识发育落后的一点上说,我的确不得不承认自己是一个最低能的人。又因自小就习于孤独,困于家境的结果,怕羞的心,畏缩的性,更使我的胆量,变得异常的小。"

而巧合的是,他的同桌,便是一个很有女生缘的男生。因为同桌家里有几个姐妹,而这些姐妹的好友,便是学校里的男生追逐的对象,于是,同桌天然有一种优势,可以向其他人说说那几个女生的生活细节。这其中,便有一个赵家少女,吸引了郁达夫。

郁达夫是怎么样被吸引了呢?大抵是常常在碰面的时候,那个赵家少女对他微笑一下。只是这一下,便让他的心怦怦乱跳个不停。甚至"头昏耳热",甚至,老是盼望着在教室外面,或者是放学的路上再一次遇到她。遇到她之后,又怕被她看到。然而,如果一天看不到她,又在心里老想着她。

有一次听家人说,那个赵家少女和她的母亲一起去了上海,郁达夫在心里便满是失落,他很担心从此再也见不到她了。

郁达夫这种心猿意马,大概被他的同桌看穿了。郁达夫这样描述他被看穿的样子:"同芭蕉叶似地重重包裹着的我这一颗无邪的心,不知在什么地方,透露了消息,终于被课堂上坐在我左边的那位同学看穿了。一个礼拜六的下午,落课之后,他轻轻地拉着了我的手对我说:'今天下午,赵家的那个小丫头,要上倩儿家去,你愿不愿意和我同去一道玩儿?'"

郁达夫自然是愿意的,虽然他当着同学的面,立即涨红了脸,但是,他还是没有舍得拒绝。

尽管这一次郁达夫在聚会时是一个打酱油的角色，然而，这一次聚会结束的时候，郁达夫被分配了一个让他十分激动的事情，就是，他要打着灯笼送赵家的少女回家。

　　此后，郁达夫便和他们有了友谊。然而这样的友谊一直处于并未表白的好感期。一直到了十四岁的春天，学校举行了毕业酒宴，郁达夫喝了酒之后，趁着酒意去找那赵家少女。

　　刚好，只她一个人在家里习字，月光如水，郁达夫被她的背影给迷住了。他轻轻地走过去，对着那桌案上的蜡烛吹了一口气，灯火灭了。只剩下两个人的呼吸声。

　　赵家少女被郁达夫的突然的灭灯吓了一跳，叫了一声。然后，默默地转过头来看着郁达夫，在《水样的春愁》中，郁达夫这样写他的感受："我在月光里看见了她那张大理石似的嫩脸，和黑水晶似的眼睛，觉得怎么也熬忍不住，顺势就伸出了两只手去，捏住了她的手臂。两人的中间，她也不发一语，我也并无一言，她是扭转了身坐着，我是向她立着的。她只微笑着看看我看看月亮，我也只微笑着看看她看看中庭的空处，虽然此外的动作，轻薄的邪念，明显的表示，一点儿也没有，但不晓怎样一股满足，深沉，陶醉的感觉，竟同四周的月光一样，包满了我的全身。"

　　民国的文人喜欢看月亮，那是因为月亮里住着的诗句，多是卿卿我的甜蜜句子。

　　郁达夫和赵家少女在月色里执手相看了许久，心里涌起大于他们年纪的春愁。随着赵家少女的家人回来,他匆匆告辞了出来。因为接下来,他便要到杭州去读书了,所以,这样的春愁,便因为这距离的变化,而彻底消散在那个春天里。

关于这位赵家少女,郁达夫曾经在自述诗里又专门写过她。《自述诗》第八首这样写道:"左家娇女字莲仙,累我闲情赋百篇。三月富春城下路,杨花如雪雪如烟。"第九首便写了赵家少女后来和他人订婚的现实:"一失足成千古恨,昔人诗句意何深!广平自赋梅花后,碧海青天夜夜心。"

《自述诗》第九首的后面有郁达夫的注释:"罗敷陌上,相见已迟。与某某遇后,不交一言。"郁达夫的儿子郁天民在《郁达夫风雨说》中这样写他对父亲内心的揣测:"查这首诗的草稿,第二句曾作'前人诗句道来真',最后一句本作'懊恼清狂直到今'。综合这些句里行间的差异和删改之迹来推测,他又遇见了订婚后的赵家少女。他深自懊丧失去了良机,还很有点气呼呼的恼恨。"

然而这样一段春愁终究是很快便翻了页码。郁达夫在杭州和嘉兴辗转了两年,到了一九一三年九月,郁达夫的大哥郁曼陀又要去日本考察,于是决定带着郁达夫同往日本。

这是郁达夫的人生另起一行的开始。如果不是哥哥带他到日本,那么,他也就只能在中国考取一个大学,早早地结婚,人生也许有另外一番滋味。而留学日本将他的孤独感扩大了,他有了更加清晰的表达欲望。

值得一提的是他们一行三人要在上海坐船去日本。在上海停留期间,郁达夫和哥哥、嫂子一同看了贾璧云的一场戏,全本的《棒打薄情郎》,刚刚有了情欲萌芽的郁达夫在看戏过后的那天晚上,做了一个春梦。在《海上》一文中,郁达夫这样描述他的成长史:"这一夜回到旅馆之后,精神兴奋,直到早晨的三点,方才睡去,并且在熟睡的中间,也曾做了色情的迷梦。性的启发,灵肉的交哄,在这次上海的几日短短逗留之中,早已在我心里,起了发酵的作用。"

　　也就是说,他的人生第一次有了性的冲动。

　　抵达日本的这一个冬天,是郁达夫人生受益很多的一个时间点。因为寒冷,郁达夫的身体有了肺病的病根。然而这一个冬天,他认真学习日语,更新自己的观念。他在《海上》一文中这样写他的变化:"这半年的苦学,我在身体里,虽则种下了致命的呼吸器的病根,但在智识上,却比在中国所受的十余年的教育,还有一程的进境。"

　　这句话里,仿佛已经暗藏了一股对中国教育的批评。

　　在《雪夜》一文的开头,郁达夫说他所看到的日本,虽然在创新上没有什么高妙的方法,然而在模仿上,却是一等一的厉害。日本在礼教上是模仿中国的,而在政治、法律和军事上,却是模仿德国,在生产和制造上是学习欧美,又加上日本的国民性就是持久而耐劳,特别有凝聚力。所有这些都保证了日本的明治维新改革成功。

而这样的成功，让日本避免了一场权力变更的战争。

在与日本文化的碰撞里，郁达夫除了自卑与自强之外，日本给他最大的冲击还有男女两性的教育。

在中国，郁达夫对两性的关系知之甚少，最多的体悟，也不过是和赵家少女那一晚对坐赏月的春愁，以及在上海停留时的一夜春梦。除此之外，郁达夫对女性的认知几乎为零。

而到了日本，他正遇到了日本的第一次性解放。郁达夫被日本女性的美所教育。

他首先发现了日本女生仿佛从未接受过贞洁的教育，她们不在乎失去处女的身体，这让郁达夫的道德观受到了无限大的冲击，他先是好奇，继而觉得这样的道德感，对于女性来说，则更加的宽容。

大抵是因为女人不受闺阁的约束，她们常常像男人一样出入家庭，干各种各样谋生的活计，所以日本的女人长得大多粗壮有力，不像中国的女性柔弱纤细。这也让郁达夫存了一份女性审美的谱系。

郁达夫很快便发现，即使同是日本的女人，生在关东西靠山一带的女人，皮肤就特别好，而日本东北雪境里长大的女人，则因为寒冷缘故，多是肥胖的。大概是用身上的脂肪来抵御寒冷吧。

在刚刚满二十岁的年纪，郁达夫在日本的感受有两个："独自一个在东京住定以后,于旅舍寒灯的底下,或街头漫步的时候,最恼乱我的心灵的,是男女两性间的种种牵引,以及国际地位落后的大悲哀。"

正是在这样的烦乱和性郁闷中,郁达夫在二十岁的时候,去妓院里结束了自己童贞的身体。

此时,郁达夫尚没有写小说,然而,他在《沉沦》中所表现的主题,早已经是他日常生活的烦恼。

中国的新文化运动刚刚开始的时候,日本正掀起一场性解放的运动。那个时候,日本的上流社会及知识分子的群体里,开始鼓吹女性的独立以及两性的开放。那时候,日本知名女演员衣川孔雀、森川律子等半裸的照片发表在知名的报刊上,除了这些大胆的暴露性图片之外,日本的纸质媒体还热衷于连载一些东京名人的妻妾秘闻故事,而这些故事无不是挑战当时日本的伦理和法律的,所有这些,都撼动了郁达夫既有的观念。

易卜生的问题剧,爱伦凯的《恋爱与结婚》,自然主义派文人的丑恶暴露论,富于刺激性的社会主义两性观,这所有既矛盾又相互支撑的新观点和新鲜事物,都在日本社会上引起关注和讨论。这让郁达夫感到茫然和迷惑。当时,他身体里的欲望,像一个肥皂泡一样,正渐渐地膨胀,马上就要破裂了。

那是他第一次接触女人的身体,他有很多复杂的内心戏。

郁达夫此时有一种非常浅薄的爱国主义情感,他总是觉得,既然在日常生活里常常被那些日本女性瞧不起,不如去欺负一下他们的妓女。当然,这样的想法非常短暂。更多的时候,是他长时间的手淫,让他产生了无穷多的自卑,他觉得自己是下流的。

所以,在第一次性生活之后,郁达夫仿佛突然想开了,不再用欲望啊清白啊这样的大词来束缚自己,甚至对自己说:"沉索性就沉到底罢!不入地狱,哪见佛性,人生原是一个复杂的迷宫。"

在那样的年纪,郁达夫通过女性的身体来解除了多年来捆绑在自己思想上的樊篱,这也使他在认知上有了变化。

这样说仿佛有些荒诞,然而,人对既有认知的推翻或者是反抗,必然是通过一种有耻感的东西来完成。如果之前郁达夫心目中完美的男女关系是与赵家少女的执手望月,那么,现在,他对这样的两性关系不再满意了,他觉得,人应该更加宽阔、复杂,他放任自己的身体,用身体打破个人的狭窄,从而能在这放任中找回自我。

郁达夫对自己的第一次性体验,是不满足的。他懊悔不已,感觉不值得。

在小说《沉沦》里,郁达夫有一段日记是详细记录了他的某一段时间的心情:"若有一个美人,能理解我的苦楚,她要我死,我也肯的。若有一个妇人,无论她是美是丑,能真心真意的爱我,我也愿意为她死的。我所要求的就是异性的爱情!苍天啊苍天,我并不要知识,我并不要名誉,我也不要那些无用的金钱,你若能赐我一个伊甸园里的'伊扶',使她的肉体与心灵,全归我有,我就心满意足了。"

他只是觉得,没有爱,那样的性,是一种兽欲的发泄。他不喜欢自己是这样子的。所以,他很苦恼自己的欲望没有出口。

《沉沦》对手淫的描写,以及他自己的反思,都清晰地记录了一个被时代困扰的中国留学生的烦恼。"他本来是一个非常爱高尚洁净的人,然而一到了这邪念发生的时候,他的智力也无用了,他的良心也麻痹了,他从小服膺的'身体发肤不敢毁伤'的圣训,也不能顾全了。他犯了罪之后,每深自痛悔,切齿的说,下次总不再犯了,然而到了第二天的时候,种种幻想,又活泼泼的到他的眼前来。他平时所看见的'伊扶'的遗类,都赤裸裸的来引诱他。中年以后的妇人的形体,在他的脑里,比处女更有挑发他情动的地方。他苦闷一场,恶斗一场,终究不得不做她们的俘虏。"

郁达夫的心事有些重,又加上,他不知道自己如此沉沦在手淫里,身体会不会得病死了。他查了一些医书,都说这样做对身体是有害处的。然而有害处,他却停不下来,这让他身心焦虑。

他是敏感的,然而,同学的关系也不好。还好,他租住的旅馆主人家的女儿偶尔对他笑一下,让他觉得生活还有一丝光亮。

然而,有一次,他去小便的时候,发现,厕所隔壁竟然就是浴室,他看到了那个旅馆老板的女儿在洗浴。他忍不住,偷看了那个姑娘的身体。《沉沦》里,他这样描述:"那一双雪样的乳峰!那一双肥白的大腿！这全身的曲线！"

他看得太投入了，头想钻到那玻璃的里面，结果不小心撞到了玻璃。那姑娘听到了声音，问了一句，是谁啊？

这一下，他吓坏了。

郁达夫向来对他的读者宣称，他的写作是自叙传。意思是，他写作的内容是忠实于自己的人生经历的。这样的写作有一个非常好的地方，那就是，读者会将他写的小说推向他本人。比如，《沉沦》中手淫以及偷看旅馆老板女儿洗澡的段落，读者自然会将这样的经历还原到郁达夫的身上。

这篇小说最为成功的，其实不是对女性身体的想象和描写，而是对"我"这样一个深陷情欲而不能自拔的青年人的描述写得太逼真了。

郁达夫写他"偷窥"那少女洗澡之后，心理的描写简直让人叹服。非经历过，而不可能写得如此的惊心动魄。

郁达夫看完女生洗澡之后，一个人逃到房间里，钻到被窝里装睡，然而，"立起了两耳"，他先是听到女生泼水的声音，又听到女生开浴室的门的声音，又听到她上楼的声音，他的心跳加速，以为她要来找自己了。他心跳加速，脸红，害怕。然而，那女生并没有如他想象的那样来质问他。

接下来呢，他又偷偷地打开门，看到女孩的父亲回家了，又一次开始紧张，看到女生和父亲说话，便在心里暗自猜测，她一定是告诉她父亲了。

这一系列的心理描述，都把郁达夫捆绑了起来，扔在了读者面前。郁达夫的这种自我拷问的写作方法，让读者一边跟着他的眼睛窥探那个洗浴少女的隐私，一边将道德的责任感只放在了郁达夫那里。下流也是你郁达夫自己下流，我们并不下流。所以，这篇小说之所以能够走红，便是郁达夫对自己的心理刻绘得太好了。

《沉沦》除了偷窥旅馆老板女儿洗澡，便是偷听到一对野合的男女在芦苇丛里的偷情故事。还有呢，就是有心到小酒馆里去寻欢，然而，听到那个招待自己的酒馆女侍带着其他客人到隔壁房间里时打情骂俏的声音。

这对于那女生是再平常不过的事情，而敏感的郁达夫则认为，这是对他的不尊重。又联想到自己的祖国太贫弱了，所以，才会让他有这样的遭遇，被一个下等的妓女看不起。

这样的脑回路在今天看来实在是牵强荒诞，然而，在当时的语境下，这样的逻辑是成立的。那些正要臭骂郁达夫是一个色情狂的读者，读到这里，仿佛突然就原谅了他。因为，这个人虽然好色，一无是处，但总还是爱国的吧。

《沉沦》中处处弥漫着"中国呀中国，你怎么不强大起来！"然而，他心里面这样想的时候，竟然是为了让一个妓女看得起自己，这也是非常"狭窄"的爱国方式。

不过,在二十世纪二十年代,让郁达夫最终可以逃过读者的责骂的,应该是这样的几句话:"罢了罢了,我再也不爱女人了,我再也不爱女人了。我就爱我的祖国,我就把我的祖国当作了情人吧。"

这是整部《沉沦》的一个道德的支撑点。然而,心里是这样想的,可是身体呢,却并没有回去好好用功学习,而是醉倒在那酒馆里,甚至还心存着幻想,"他的心里,还有一处地方在那里盼望着那个侍女再回到他这里来。"

《沉沦》出版之后,郁达夫说自己"正在被迅速埋葬",虽然说得有些夸张,但可能也是他的内心里的真实的想象。他向来是一个擅长想象的人。哪怕有一个人说他不好,估计,也会被他想象成全上海都在骂他。

而在日本时期的郁达夫,是他的情感最为丰富却又无处可以存放的孤独期。所以,他像一只扑火的飞蛾一样,一边是道德的自我惩戒,一边是性的无边的诱惑。

一九一六年的春天,郁达夫正考试的时候,身体突然病倒,本来要考七科的,他只考完了三科,便住进了医院。那一年春天,他给他的嫂子陈碧岑写了一封密信,所谓密信,是专门在信里交代,不要让他的哥哥郁曼陀看到。

在这封信里,郁达夫表达了他想要出家的念头。信里有这样的字句:"碧岑长嫂惠鉴:此番春假考,弟考一半,共七科目,弟只考三科耳。官立学校无补考，此番不考各科，须待暑假考完了后，再定分数矣。所以不能者，因半途神经病发作故（所谓神经病者，即刺激性神经衰弱，一时昏厥如羊癫病，但无痉挛状态耳，记忆力、忍耐力、理解力皆已去尽矣），今日犹未痊也。医师劝弟休养，弟亦不得已听之。……弟颇愿牺牲一身，为宗教立一线功，不识曼兄亦许弟否？祖母未死前，弟决不出家，恐伤老人心耳（日来苦闷极矣，有暇者祈作长书复弟，无论何事，皆可写来）。前家信中，弟但云'暑假不能归，欲参禅也'。别无激烈语。想二兄尚不识弟心耳，伤哉祖母……弟之出家者，非谓抛弃学业也，但欲将来斋戒忏悔，披袈裟，读佛经，医贫人耳。第一学期（去年九月）弟来名古屋后，觉为人无趣味之可言，每有弃此红尘，逃归山谷，作一野人想。"

这封信很清楚地介绍了他的病，以及他某一阵子的想法，就是想出家，忏悔，修行，医治贫穷的人。

这封信的结尾最有意思，几乎像个孩子，在给嫂子抄了几首诗之后，信的结尾有这样的内容："弟看世界女人都恶魔之变态，此后关于女色一途，当绝念矣。"

之所以如此发誓，大概也是想借着对嫂子说的这样的狠话，而让自己的头脑能够清静一些。出家也好，视女人如恶魔也好，其实这所有的内心活动，仍然是没能摆脱女性身体的诱惑。也就是说，一直到一九一六年的春天，他对女性的理解，以及他和女性的相处,仍然是病态的。

尽管他已经体验过女人的身体了,然而,显然,那是一个恶魔,既没有治疗他,又将他的黑夜完全吞没,让他在脑子里不停地想念那肉体的淫邪,与快感。

人性中有很多东西是不能对抗的,比如,一个人饥饿了,就要去吃东西,而不是在脑子里骂食物是恶魔。同理,男人到了一定年纪,所产生的欲望,也是如此,不是靠在脑子里骂女人是恶魔便可以解决的。

然而在当时的郁达夫的内心里,他没有找到合适的处方,所以,生出了要出家的念头。这差不多是一种病急乱投医的胡说。

不知是不是因为这一封信的原因,又或者是他的嫂子将这封信里的内容,婉约地转述给了郁达夫的母亲,第二年的时候,郁达夫的母亲便给他在老家找了一个对象。

给长嫂去信不久,他便将出家的念头忘得干干净净,他认识了一个日本的著名诗人,叫服部担风。因为都喜欢做旧诗,所以,两个人很快成为忘年交,服部担风不但在自己编辑的《新爱知新闻》的副刊栏目选发了郁达夫的诗,还邀请他参加一年一度的雅集。

诗如果帮助郁达夫排泄了他生活中的大半的郁闷,那么,深夜时的孤独感,还需要一个女性的笑容来打发。

不久,郁达夫便喜欢上了一个杂货铺老板家的女儿,叫后藤隆子。郁达夫给她写了三首绝句,其中最后一首《别隆儿》,四句很有唐韵:"犹有三分癖未忘,二分轻薄一分狂。只愁难解名花怨,替写新诗到海棠。"

一九一七年的六月初,郁达夫因为购买纸而认识了杂货铺里的隆儿,隆儿请求郁达夫帮助买一册《寮歌集》。两个人的交往很快升温。大概六月二十二日的时候,郁达夫向隆儿辞行,告诉她三天后即将回国。隆儿便问郁达夫,二十五日那天还能留在名古屋吗?那一天是地久节,是当地的一个传统节日,有烟火和音乐表演。郁达夫一听隆儿邀请他一起过地久节,高兴地答应留下,将归国的船票延后了几天。

然而,六月二十四日,两个人的感情便结束了。那一天,郁达夫的日记里这样写两个人的分手:"午后至隆儿处取英诗集,与诀别,以后不复欲往隆儿处矣。"

这一段感情里的郁达夫多少有了一些理智。然而,突然结束的原因,始终未知。

那个姑娘留郁达夫一起过节,显然对他亦有好感。只是这好感是出于友谊,还是痴于爱情,则没有相关的记录。

郁达夫在六月二十日的日记里便已经有了感情结束的预告,他的日记这样写道:"予已不幸,予断不能使爱予之人,亦变而为不幸。此后予不欲往隆儿处矣!"

他的不幸,可能还是和不能戒断手淫有关系,这让他觉得自己对不起别人。

而至于六月二十四日为什么突然决定第二天不和隆儿一起去公园过"地久节",可能是隆儿说了什么话让他又起了敏感。

但是从这种可以主动地与女性分开的自尊心上来看,这时的郁达夫,已经不是当初那个忍不住去偷看旅馆老板女儿洗澡的多欲少男,而是一个有了对爱情渴望,且希望一份感情有始有终的正常男人了。

一九一七年六月底,郁达夫回国,八月遵母命与孙兰坡女士订婚。九月回日本,十月给孙兰坡写信,替她改名字叫作"孙荃"。

订婚后回到日本,相当长的时间里,郁达夫在用心地帮助未婚妻孙荃修改诗词。此时的郁达夫,在精神上,享受着一个"有自己的女人"的男人的幸福感。他不停地给孙荃写信,一则是因为寂寞,再则是想要用这样的一种感情的定向表达,来抵抗现实中的女性诱惑。

然而,即使如此,郁达夫还是有不少的花花草草。

在郁达夫的旧诗中,梅儿和玉儿也是他喜欢过的日本女性,梅儿全名叫作葆田梅野,大概是在一九一九年春天,郁达夫在名古屋大松旅馆居住时的一个女侍。

当时郁达夫是陪同来自家乡浙江的教育观察团来参观名古屋的中小学,住在了大松旅馆。因为郁达夫是留学生,所以,负责做一些翻译和协调工作,与这位梅儿姑娘说了不少的话,便有了好感。

郁达夫给这位梅儿写了诗,还写了一篇小说,如实地记录他和这位梅儿姑娘的交往,小说的名字叫作《两夜巢》。听名字,大概就知道,可能和这个姑娘的感情,就是两个夜晚的美好接触。

这篇小说并没有写完,然而这些片段一直收藏在孙荃那里,郁达夫全集出的时候,小说卷的第一篇,便是这篇小说的残片。

有这样的片段可以展现郁达夫与梅儿的亲昵程度——

梅浓问说:"你几时卒业?"

"今年的六月里。"

"卒业之后打算上哪儿去?"

"上东京的大学去。"

"上东京去?我也非常想上东京去,但是没有人带我去。"

"这样你等到夏天,就同我去罢。"

"但是你天天要上学去,我到了东京,也是没用。"

少年又曲了曲腰,又把嘴唇拿上梅浓的唇边上去,一边说道:"我不去上学也可以的,你同我去罢。"

梅浓就轻轻的推了一下说道:"可怕可怕,你又要来骗人了。"这话没有说完,她就把左右手举起来把自家的眼遮过了。

少年说道:"究竟是你骗我的还是我骗你的,我已经早早说了我的年纪,你却还是不肯说你的。"

少年又伸过手去把她抱住了,一边轻轻的说道:"你对我说了罢。"

"我是十八岁了。"

"你说可怕是什么缘故?"

"我到了旅馆之后,已经被人骗了三次了。……"

说到这里,转角上忽然来了一个人,她就丢下了少年跑开去了。

这一段文字,差不多交代了郁达夫和梅儿的这一段偶遇。说实话,这不算一段完整的感情,只能算是偶然的好感。郁达夫的多情用在全世界每一个多看他一眼的女人身上。这个旅馆的女服务员,和他多说几句话,他就要问人家几岁了,有没有男朋友,想不想和他一起去东京。无非如此。噢还有,可能在没有人看见的时候,拉了一下小手,亲了一下嘴。

郁达夫在他的自传里也是说过的,日本女性因为明治维新以来的政治空气的开放,女性解放早已经开始了。所以,日本的年轻女孩子不像中国女生一样,在二十世纪二〇年代,如果没有订婚,那陌生男女一定是授受不亲的。

授受不亲是什么意思呢,就是男女之间,哪怕是送礼物,递个东西到对方的手里，也不能有接触的。不亲，就是手不能碰到。

佩服吧。

所以郁达夫在日本所享受到的这种男女之间的亲昵，自然是一种文明的进化。

郁达夫给梅儿写的那首诗，是动情的，这说明郁达夫的感情的确是储量丰富，可以随时奉献给他眼前经过的女生。那首《留别梅儿》是这样写的："淡云微月旧时盟，犹忆南楼昨夜筝。依未成名君未嫁，伤心苦语感罗生。"

诗里，有小说中还没有写尽的内容，是一种伤心。

郁达夫的感情史，大多是通过自己的传记，或者诗歌的注释部分，来向他人透露。有一些人是可以验证的，比如这位梅儿，因为是陪同浙江省的教育视察团，在小说里，他写了几个人物，比如"阳明学者"和"半开化人"，都是实有其人的代指。所以，梅儿是一个实有的人物。

而根据他的留学日本的同学钱潮的回忆录，可以知道，郁达夫在名古屋八高毕业以后，还和一个日本女人同居过。

钱潮在《我与郁达夫同学》里详细叙述了他目睹的实况："我在八高一心读书，平时考试成绩门门优秀，按照八高的规则，平时成绩全优者，可以不再参加毕业考试，所以这年初夏，我提前回国度假，回日本后为了领取毕业证书，又到名古屋去了一次。到校后才知道达夫已经为我代领了毕业证书，我就去找达夫，没想到他与一个年轻的日本女子住在一起,使我大吃一惊。达夫见到我,欣喜万分,拉着我问这问那,还热情地留我住了一晚。他坦率地告诉我,与他同居的这位女子以前嫁过人,前夫是个军人。不过,我发现这个女子脾气很坏,那时他俩的关系已很紧张,果不多久,他们就分手了。达夫在名古屋时生活很浪漫,常去妓院,有时回来还向我介绍他的见闻,如日本妓院的妓女都坐在那里,头上挂有介绍姓名、年龄的牌子,供来客挑选,等等。达夫早期的小说大都以妓女生活为题材,恐怕与此不无关系。"

与钱潮相互对应的回忆文字,还有陈翔鹤的那篇《郁达夫回忆琐记》,陈翔鹤是这样记录郁达夫的多愁善感的——

从善于流泪一点上看来,我们也不能不说达夫兄是个多情善感的人物。我所得见他的流泪已不能用次数来计算。只其中所给我印象最深的,便要算酒后在馆子里的一次:某一个歌女登场了,他看了几眼,便很苦痛地闭上眼睛,随后一大颗一大颗的泪珠即掉了下来。我们同时都惘惘地立起身,走出场外去。在马路上他一面叹气,还一面在揩眼泪。当我问他时,他才告诉我,这个歌女的面貌很像他从前在日本时的情人。她是因他引诱由少女而堕落到几乎类似妓女地步的。就在堕落之后,他们还不断幽会。在他此刻时时想起来,都难免不觉得这是一桩罪孽。

郁达夫后来在他的小说《南迁》里,有一句是对他的这一段感情的描述,大概是这样的:"他因为去年夏天被一个日本妇人欺骗了一场,所以精神身体,都变得同落水鸡一样。晚上梦醒的时候,身上每发冷汗,食欲不进,近来竟有一天不吃什么东西的时候。因为怕同去年那一个妇人遇见,他连午膳、夜膳后的散步也不去了。"

如果说,他的日记、描述,都有可能是为了展示某种生活的丰富而虚构,那么,钱潮的回忆录,亲眼看到两个人同居,则是最为直接的证据。

郁达夫的女性史,在与孙荃订婚以后,并没有停止。他一边给孙荃改旧诗,一边和身边的日本女人调情。

这样的一个男人,如果用当下的中国道德,可以给他命名为:人渣。当然,这样的词语在中华民国那样的语境下,并不成立。郁达夫的多情以及孤独感,造就了他必然会无限制地爱上不同的女性,直到他遇到一个最让他心动的女人,从此担心失去她,才不会再有时间去流连于妓院或酒馆,去寻陌生的刺激。

再一次翻开苏雪林的那篇评论文字《郁达夫及其作品》,文中这样犀利的指责,无论从哪里看,都让人觉得好像是准确的:"但郁达夫虽爱谈性欲问题,他所表现的性的苦闷,却带着强烈的病态。即所谓'色情狂'的倾向,这就是郁氏自己的写照,而不是一般人的相貌。"

色情狂,这个突然扔来的带着诋毁意味的帽子,郁达夫活着的时候,不接受。然而,他逝世以后,苏雪林并没有纠正收回这样的看法。然而,让人觉得有趣的是,在郁达夫之前,"色情狂"绝对是一个单一的贬义词,而自从有了《沉沦》之后,"色情狂"这样一个如此被人不屑的词语,仿佛正渐渐地向中性靠拢。它已经不单单是下流的暗示,而是还多了一种说不出的无助。

不得不说,郁达夫凭借着个人的强烈的颓废感和并无恶意的多情症,让一个负面的词语,渐渐有了一丝微妙的光泽。实在有趣。

第三次诞生:丈夫

擅长写信的郁达夫留在世上的书信并不多。然而,在《郁达夫全集》的第六卷书信卷里,郁达夫给两个人写的信最多。其一是孙荃;其二呢,自然是王映霞。我专门统计了一下。郁达夫给孙荃写了十三封信,而给王映霞的,竟然有九十七封。当然,据王映霞回忆,他们的书信有两百多封,然而,在后来的一次逃难中,被大火烧去了一部分。

然而,仅仅从存留的书信中,便可以称得出,那些存留在情书里的,甜言蜜语的重量。

郁达夫与孙荃的这门亲事,更多的是听从母亲的安排。

孙荃是郁达夫给她改的名字,她原名叫孙兰坡,字潜媞。孙荃嫁给郁达夫,按照当地的说法,应该是下嫁。因为孙家的经济要比郁达夫家好上许多。

孙荃的父亲孙孝贞，久考不第之后，愤而从商，经营造纸厂，家里有一百多亩田地，是当地的工商大户。孙孝贞因为读了一些书，所以，很通人情世故，他的思想比较新式。他让自己的女儿多读诗书。所以，孙荃很喜欢诗词歌赋。

女儿喜欢作诗，那么，自然，也要找一个喜欢作诗的人才好。至少，也要找一个懂得欣赏诗的。

郁达夫年纪很小的时候，便以诗名惊动邻里，所以，有人给孙荃的父亲说了郁达夫的事情。

孙荃的父亲一听说在东洋留学，又喜读诗书，家境呢，恰好不如自己——如果是比自己家的生意还大，他还有些高攀不起；现在好了，仿佛有了一种门当户对的如意感。

郁达夫的母亲，听了媒人的介绍后，也对姑娘家喜欢诗词有兴趣。老三是家中的老小，自幼多愁善感，找一个家境好的女人做老婆，将来过日子不吃亏。

蒋增福在《郁达夫及其家族女性》一书中，专门记述了，郁达夫的母亲曾经邀请订婚前的孙荃到家里来做客，有一种提前相看儿媳的感觉。当时，郁达夫的母亲是满意的。因为，孙荃给郁母的印象是这样的："一位忠厚老实的乡下姑娘，穿的一套印花布衫裤干净而合身，乌油油的大辫子垂在脑后，一双明亮的闪着诚挚光芒的大眼睛，往下看是一双惹人怜爱的小脚，以及象征着多子的丰满的臀部。谈吐文雅，没有一般乡下人的粗俗气。"

有生育力的臀部,这虽然好笑,但应是实情。后来的孙荃给郁达夫生了两儿两女。除了老大龙儿在五岁时夭折,还有郁天民、郁黎民、郁正民。也算是如了老太太的意愿。

一九一七年七月七日,郁达夫回到了富阳的家。八月九日,郁达夫的日记第一次出现孙荃的名字:"……薄暮陈某来,交予密信一封,孙潜媞氏手书也。文字清简,已能压倒前清老秀才矣!"据《郁达夫风雨说》所载,陈某乃是郁达夫与孙荃的媒人陈凤标。

郁达夫八月初与孙潜媞订婚,随后便看到了孙氏作的诗,也算是有共同语言。

但是,郁达夫此时,已经在日本的烟花妓院中流连良久,见识过不同的女人,且有了与雪儿姑娘同居的历史。所以,他的内心有些恍惚。这样一种旧式的婚姻,可能只是为了对家里的母亲有所交代。

收到那封密信的第二天晚上,郁达夫便给孙潜媞写了一封信,这封长信,他一下写了两天,内容非常的驳杂,是以一个老师的口气写的。

这封长信的序言是这样的:"八月九日某以书来谒。予东行在即,欲作答苦无时,不答则又不足以报垂顾之盛意,于是每日于月落参横际,割一小时,依枕疾书,将所欲言者尽笔之于书,使闺中弱女子,亦得知二十世纪之气风若何。盲人行,须求助于相,否则亦必待行杖之扶。予虽无相者之指挥术,或者亦能代行杖之支助乎。"

郁达夫说的也是实情。他已经在日本见识了整个世界的变化,工业革命,以及人们的思想的改变,而当时的孙潜媞还是一个缠着小脚,只会背诵四书五经的绣楼小姐。对于郁达夫来说,差不多,她就是一个盲人。

在这封长信的开始,郁达夫先是给孙潜媞启蒙了一下,中国古制和现代社会,由西方引进的一些社会风气,正在侵蚀中国的旧时礼制;并明确了,他们所生活的时代正是中国的过渡时代,过渡时代有一定的危险,这危险来自外来风气的影响。

这样的说教其实对于一个成年人来说,显得自私,意思是,你还是要保守一些,别中了思想开放的毒。

然而,当时的语境是,孙潜媞女士对郁达夫是崇拜的,专门手书诗歌求他来指点。那么,在这样的意义上来说,郁达夫的这些提醒,便有了亲昵的味道。

不仅在思想开放上提醒孙潜媞注意守着旧时的礼制,还专门提醒他的这位未婚妻,"虚荣不可慕","女子读书当求真书读之","女子不患多才而患无真才"。这些观点虽然有些独断,但是在当时,是非常有意义的。

因为当时的中国对女性所奉行的原则,依旧是"女子无才便是德",这是旧时对女性思想的一种束缚。而时间已经到了一九一七年,新文化运动正在全国轰轰烈烈地进行着,郁达夫当然希望自己的未婚妻能多读书,有才学。这样,以后才有共同的话语。

然而,这样的认知写出来容易,要想达到,恐怕不是一本书就能解决的。

这封信里,更多的内容是和孙潜媞论诗。旧诗历来是郁达夫的强项,所以,谈起诗来,他可谓滔滔不绝。他的观点也很有趣,比如,他说,"盛唐诗不及晚唐之近情,宋人诗不及元人之多致。清初吴梅村、查初白诸人诗,风光细腻,一咏三叹,诚学诗者之好模范也。"这观点可是惊人得很。因为所有人都觉得是盛唐的大气象,出了那么多大诗人。然而,在郁达夫看来,盛唐诗人无人情味,只喜欢歌颂庞大的景物和国度,缺少了个体的温度。

他的观点还有很多有趣的,比如"五言长古不宜于妇人,毕生不作一首可也"。意思是女人不适合写五言长诗。真是好玩,为什么不适合,他却并没有说明白。

在这封信里,郁达夫兄放得很开,还直接批评杜甫老师,说什么"两个黄鹂鸣翠柳,一行白鹭上青天。窗含西岭千秋雪,门泊东吴万里船。诗非不佳,读之觉神丧气阻,无一往之深情,不可学也"。

我当时看到这里的时候,第一反应是,这可真是一家之言,怎么会有这样的反应呢,杜甫这首诗一反他的诗歌的悲苦,清丽,鸟鸣声清晰可见,挺好的啊。

郁达夫在这封信里,先反杜甫,又批李白。他说,"李太白诗虽豪健，不宜于女子，不可读也。杜樊川诗，虽多杨柳烟花、金钗红粉之句，然描神写意，各得其致，闺阁中之好伴侣也。"他向自己的未婚妻推荐杜牧。因为杜牧长于感情，他大概是想让自己的未婚妻将来成为一个感情丰富的人吧。

这封信，谈了诗，谈了书法，还谈了小说。

他自然不会推荐唐传奇，可惜的是，他竟然没有推荐《西厢记》，大概是怕女人学会了偷偷约会。他在信里对孙潜媞说："近世小说，多淫猥怖人之作，不可读也。《三国演义》尚可供儿女子消闲之用。"

《西游记》传佛道，禁人欲，的确不适合女人来读。《水浒传》动不动就杀妻，所以，也不适合的。更不必说《金瓶梅》了，本就是一本民间的禁书。所以，四大奇书，郁达夫推荐《三国演义》，倒也是勉为其难。

郁达夫是一九一七年七月七日回到富阳，在家里待了近两个月，这两个月里，和孙潜媞共见了三次面。

八月初订婚应该是第一次见面。

八月二十九日晚上去孙潜媞家第二次见面。

九月一日又一次见面，告别。

关于九月一日这一次的见面，在一年以后给他的哥哥郁曼陀的信里，郁达夫有过描述。他是这样写的："文来日本之前一日，曾乘舆至宵井，与未婚妻某相见，荆钗布裙貌颇不扬，然吐属风

56

流,亦有可取处。"

这是他第一次认真地向外人评价孙荃,"亦有可取处",算是有好感吧。至少是看中了孙荃的兰心蕙质。

回到日本之后,郁达夫倒是一心惦念起未婚妻的生活来。书信中,郁达夫近乎请求孙潜媞能给他每半个月写一次信。信里是这样写的:"夜膳后,独居无兴,故思作一书,与汝谈近状,半实亦欲催汝速作回信耳。前信谅早到汝处,何以至今尚不见复?今与汝约,半月必须来一信。无论有事无事,无论长短,十五日,必须作信一封,既可以练文章,又可以释海外羁人之闷,所谓一举两得,莫此事若,汝亦何吝此半张纸焉?"

"十五日,必须作信一封。"这样的语气,有些像是命令,也有些像是任性的孩子的求助。而一直奉郁达夫为自己的命中贵人的孙潜媞自然是听从的,甚至,也觉得这样的信,是对自己的一种爱。

这封信接下来的句子极其清丽,可以当散文来读,感觉郁达夫有向未婚妻做示范的意图。

于是孙潜媞便听了郁达夫的话,给他回了信,也附诗文。

一九一七年十月十一日,郁达夫的日记写道:"兰坡书来,附有《戒缠足文》。"十月二十一日,日记又写:"入舍,得兰坡书,有诗、文六篇附入。"

孙荃的诗写得如何呢,郁达夫早有评价,已经超过前清的秀才了。在郁天民的《幽兰不共群芳去》一文里,有大量的孙荃的诗作。

比如,她寄给郁达夫的几首《秋闺》里,有这样的好句子:"风动珠帘夜月明,阶前衰草可怜生。幽兰不共群芳去,识我深闺万里情?"这诗既写自己的寂寞幽怨,又试探郁达夫在万里之外,是不是能理解她的情意。

郁达夫在一九一七年的十月十六日给孙潜媞改了名字,写了一首《为某改字曰兰坡名曰荃》,诗的全文是这样的:"赚君名号报君知,两字兰荃出楚辞。别有伤心深意在,离人芳草最相思。"郁达夫的意思是,字叫兰坡,名字最好是一种芳草,而兰和荃都出自《楚辞》。这样字和名便有了交互感。而他诗里流露出来的意思是,名字中有芳草,最让男人相思。

这便是他一厢情愿了。他给未婚妻改了名字不久,便又和日本女人鬼混去了。

一九一八年,孙荃给郁达夫寄了两首《无题》,大概是牵挂在异乡的他,两首诗的第二首是这样的:"年光九十去难留,怜尔杨花逐水流。海上仙槎消息断,雪花满眼不胜愁。"这种触景生情的牵挂,让郁达夫很是感动。郁达夫给孙荃写回信说:"读到'年光九十去难留'句,更黯然魂销,盈盈泣下。"哭了,虽显得矫情了些,却很能让孙荃感觉安慰,毕竟自己的牵念有了回响。

奇怪的是,不论他如何在书信里和诗句里想念孙荃,然而,在现实生活中,他的身体的欲望轻易地将他扔到了烟花街巷里。

到杂货店买东西时遇到一个姑娘,他会给人家写诗。陪着远道而来的浙江教育视察团在名古屋考察时,旅馆的一个女服务员他也不放过。给那个叫梅儿的女服务员,写了好多诗,还写了一部未完成的小说。

他仿佛有太多太多的内心感受,需要与不同的人分享。

所以,孙荃注定只是他生活中极小的一个部分。他把孙荃当成他人生的后花园,一个只能住在唐诗宋词里的精神上的妻子。郁达夫呢,在内心里是敬着孙荃的,和孙荃讨论人生的时候,郁达夫是五分之一的自己,是的,他将隐藏在自己身体里淫邪的五分之四择得干干净净,只剩下一个熟读诗书的谦谦君子。

一九一九年的时候,孙荃给郁达夫寄了几首思念他的诗,有一首诗的名字叫《夜雨》,诗有四句,如下:"独坐窗前夜已深,愁怀孤冷伴灯吟。无端一夜空阶雨,滴碎离人万里心。"

郁达夫看后狂喜啊,觉得孙荃的诗写得越来越好。他在当年的八月七日给孙荃回信说:"来诗大有进境。'无端一夜空阶雨,滴碎离人万里心',佳句也,已欲与文诗相抗矣!"

郁达夫的名字叫郁文,与文诗相抗,意思是已经和我的诗差不多了。郁达夫在旧诗上一向自信,十几岁时便高谈阔论,可见,他对孙荃是欣赏的。

只是遗憾的是,那年,郁达夫壮志未酬。他听兄长郁华的意见,回国考取外交官,结果没有考上。据他一九一九年九月二十六日知道成绩的当天晚上所记的日记内容,颇有不平之气:"庸人之碌碌者反登台省;品学兼优者被黜而亡!世事如斯,余亦安能得志乎!余闻此次之失败因试前无人为之关说之故。……"

日记里先是骂人,又听说,考试落榜的原因是没有提前和考官打招呼,说人情。所以没有考上。不论是自我安慰也好,还是真实情况如此也好,这一次的考试,对郁达夫来说,颇有影响。他接着连写了两首诗,都是在抒发这次的郁闷之情。十月九日,他在北京某王府的花园里,挥笔在墙上写下了一首诗,署名叫"江南一布衣",诗的标题很长,有唐诗的风范,起作《己未秋,应外交官试被斥,仓卒东行,返国不知当在何日》,诗如下:"江上芙蓉惨遇霜,有人兰佩祝东皇。狱中钝剑光千丈,垓下雄歌泣数行。燕雀安知鸿鹄志,凤凰终惜羽毛伤!明朝挂席扶桑去,回首中原事渺茫。"

那年的十月底,还给他的二哥郁养吾写了一首诗,诗句最后也是有愤懑之情,"失意到头还自悔,逢人怕问北山云。"意思是,考完了很失落,最怕人问成绩啊。

这件事情一直到一九二〇年的三月才算过去了,那年三月,郁达夫给孙荃写信,做了一首《感愤一绝,房州道上作》,诗里的句子仍能打捞出不少的牢骚,是这样的诗句:"年少秦嘉计总差,无端绮习染繁华。词人清怨知何限,梦里功名镜里花。"

发完这一次牢骚,总算是将考试失利这件事情翻页了,然而,不久,他又和一个叫玉儿的姑娘有所勾搭。这恰好是他失意时的解药。

然而这年暑假时,他便被母亲和孙荃的家人要求回去结婚了。这一年,孙荃已经二十四岁了,在乡村当然是大龄女青年了,所以,他们想尽快完婚,以免多生事端。

回国前,他向北京的郁曼陀写信说:"结婚事本非文意,然女家叠次来催,是以不得已提出条件若干条,令其承认,今得孙伊清(孙荃的哥哥)来书,谓已允不鸣锣擂鼓作空排仗矣。弟之未婚妻,本非弟择定者,离婚又不能,延宕过去,又不得不被人家来催,是以弟不得已于今年暑假归国,简略完姻。"这是郁云的《郁达夫传》中的段落,在《郁达夫全集》里,找不到这封信。

郁云的传记中还引用了另外一封信,郁达夫写给长兄郁华的,也是新婚后回报他的婚事情状的。信写得很粗略。如下:"弟婚事已毕,一切均从省略。拜堂等事,均不执行,花轿鼓手,亦皆不用,家中只定五席,分二夜办。用迎送小轿进出,共八顶,于阴历六月七日去说,谓将于九日夜三时行婚。九日午后五时,女已坐小轿到富阳家内,饮酒二席后即送客就寝,亦无所谓洞房点花烛也。"

郁达夫在他的小说《茑萝行》中对他的这次结婚有过非常详细的介绍:"细数从前,我同你结婚之后,共享的安乐日子能有几

61

日？我十七岁去国之后，一直的在无情的异国蛰住了八年。这八年中间就是暑假寒假也不回国来的原因，你知道么？我八年间不回国来的事实，就是我对旧式的，父母主张的婚约的反抗呀！这原不是你的错，也不是我的错，作孽者是你的父母和我的母亲。但我在这七八年之中，不该默默的无所表示的。"

又写道："后来看到了我们乡间的风习的牢不可破，离婚的事情的万不可能，又因你家父母的日日催促，我的母亲的含泪规劝，大前年的夏天，我才勉强应承了与你结婚。但当时我提出的种种苛刻条件，想起来我在此刻还觉得心痛。我们也没有结婚的种种仪式，也没有证婚的媒人，也没有亲戚朋友来喝酒，也没有点一对蜡烛，放几声花炮。你在将夜的时候，坐了一乘小轿从去城六十里的你的家乡到了县城里的我的家里；我的母亲陪你吃了一碗晚饭，你就一个人摸上楼上我的房里去睡了。那时候听说你正患疟疾，我到夜半拿了一支蜡烛上床来睡的时候，只见你穿一件白纺绸的单衫，在暗黑中朝里床睡在那里。你听见了我上床来的声音，却朝转来默默的对我看了一眼。啊！那时候你的憔悴的形容，你的水汪汪的两眼，神经常在那里颤动的你的小小的嘴唇，我就是到死也忘不了的。我现在想起来还要滴眼泪哩！"

郁达夫一九二〇年七月中旬与孙荃在富阳结婚，然而，八月十三日便准备返回日本。据郁云的传记中所述，他急着回日本的原因，是他当时在日本读的大学是缩短了学习年限，所以，有一些课程需要他回去补课。

然而,刚到杭州,郁达夫便也患了疟疾,一直到了九月下旬,郁达夫才回到东京。

虽然这一段婚姻并非郁达夫所情愿,然而,自订婚之后的诗歌交往,在精神上,孙荃带给郁达夫的愉悦并不少。

刚抵日本时,郁达夫因为患病时所思颇多,所以写了五首诗给孙荃,在郁达夫的诗集里,这一组诗的名字叫作《寄内五首》,这些诗里,常有这样的句子,"当时只道难离别,别后谁知恨更深",还有"不该累及侯门女,敲破清闺夜夜砧",意思是如果患病就此死掉了,自己连累了孙荃。

这年的年底,郁达夫给他的大嫂陈碧岑的信里,有一句"弟妇孙氏体弱人柔,不能代劳。闻伊小产受病,目下已往母家养病去矣"。

原来婚后不久,他们的头胎孩子流产了。

一九二〇年,郁达夫在回国结婚前,还和张资平开过一次橘子会议,两个人凑了一元钱,买了一些橘子,等着田汉过来,一起开个会,准备成立一个文学社团。结果,他们左等右等,田汉终于还是没有来。于是,郁达夫和张资平将橘子吃完了。

这大概就是创造社的萌芽。一直到一九二一年的六月八日,郁达夫刚刚从医院里出来,他胃病,发烧。就在郁达夫的宿舍里,郁达夫、郭沫若、张资平、何畏、徐祖正等几个人出席了这次会议,他们正式商定要出版一本叫作《创造》的刊物。刊物的出版周期暂时定为季刊,与会的所有人都是编辑。

其实,那次吃橘子的会议没有开成之后,郁达夫、张资平、成仿吾和田汉又见面了几回,开了几次会,决定了要出版一本刊物,并让田汉回国找一下出版的机会。然而,田汉没有找到投资人。结果,理想破灭。

一九二一年初,与成仿吾同居一室的同学李凤亭毕业回到了上海,在回成仿吾信的时候,专门提到了上海的泰东书局,正在重组编辑部,李凤亭被聘为法学部的主任,李凤亭推荐成仿吾任文学部的主任。

当时的成仿吾正在准备学位考试呢,收到这封信,他有些兴奋,顾不上考试了,直接决定回国任职。郭沫若听说了这事,也决定和成仿吾一起去看看。

然而,一九二一年的四月一日,郭沫若和成仿吾抵达上海以后,到了泰东书局一看,发现并不是李凤亭信里说的那样,李凤亭并没有留在泰东书局做法学部的主任,而是到了安庆去教书了。而文学部已经有一个姓王的主任了。那位姓王的主任握着郭沫若和成仿吾的手,说,你们来了,我们就有希望了。

成仿吾有些失落,在上海待了三个礼拜,便将文学部的事情托给了郭沫若,他一个人回长沙谋生去了。

郭沫若呢,便和泰东书局的老板赵南公谈他们之前一直想要创办一本文艺杂志的事情,没有想到赵南公一口答应。

郭沫若觉得事情有了希望,和赵南公请假,回日本,找郁达夫等人再商量。

于是,这才有了一九二一年六月八日在郁达夫的宿舍开的会议。

在这次会议前,郭沫若先是到了医院里去看望郁达夫。郁达夫在小说《胃病》里专门写到了他和郭沫若见面的情形,是这样的:"六月初五……我起床在病室里走了几步。正在走的时候我的预科的同学K君来了。K君本来住在日本极西的F地方学医的,因为性不近医,近来一步一步的走入文学的圈子里去了,他这一回来是为了商量发行一种纯文艺杂志来的。我同他有六七年不见面了。……'十年别泪知多少,不知相逢泪更多。'久别重逢,我怕什么人都有这样的感慨。这一位K君也和我一样,受了专制结婚的害,现在正在十字架下受苦。我看看他那意志消沉的面貌和他那古色苍然的衣帽,觉得一篇人生的悲剧,活泼泼地在那里。社会呀!道德呀!资本家呀!我们少年人都被你压死了。"

郁达夫的确擅长将个人的感情的压抑,瞬间推托给社会。

一九二一年的七月二日,郭沫若又回到了上海,但是,因为人都不在上海,商量一些稿件的问题要用书信来说,这自然是不方便的。所以,郭沫若在八月的时候,写信告诉郁达夫,让他回国主持杂志的编辑工作。

郭沫若让郁达夫回国有两个原因,一是,他在泰东书局一直组不到稿件,办杂志的事情,他觉得郁达夫适合;再一个是,当时安徽法政专门学校的校长光明甫和泰东书局的赵南公相熟,委托他来帮助招聘一个英语教师。赵南公就想到了郭沫若,结果,郭沫若自认为自己的英语不好,不如郁达夫,他立即向赵南公推荐了郁达夫,并对赵南公说了郁达夫的情况,意思是,这郁达夫回国,可以一人二用,一是去做教师,再则是可以兼职做文艺刊物的编辑。

这便是郁达夫回国的前因后果了。

九月初,郁达夫回到上海,然后,郭沫若回日本继续完成学业。郁达夫和郑伯奇两个人一起住在了泰东书局里。

郁达夫是能干的,只在上海待了一个月,便将第一期的《创造》文学季刊的目录编好了。

九月二十九日,《创造》的第一期目录出来了,如下:

棠棣之花(诗剧)　　　　　　　作者:郭沫若

圆明园之秋夜(小说)　　　　　作者:郁达夫

离婚(戏剧)　　　　　　　　　作者:成仿吾

怅望着祖国之天野(小说)　　　作者:张资平

咖啡店之一夜(小说)　　　　　作者:田汉

初之一课(小说)　　　　　　　作者:郑伯奇

一个流浪人之新年(小说)	作者:成仿吾
春潮(小说)	作者:郁达夫

九月底,编完目录预告部分以后,郁达夫便坐车往安庆报到,任安徽法政专门学校英文科主任,主要教授英文、欧洲革命史等课程。

郁达夫到达安庆的半个月后,一九二一年十月十五日,郁达夫的小说集《沉沦》出版,同时,这也是中国现代文学史上的第一部白话文小说集。

小说一举成名,前后共加印了十余次,售出两万余册。

一九二二年是郁达夫非常忙碌的一年。查郁达夫的年谱,可以看到他的行程足迹。先是,春节放寒假,他从安庆回到了上海,写完了他的小说《茫茫夜》。春节又回到了富阳,团圆了几天。春节过后,又去日本取毕业证。一九二二年三月三十一日,郁达夫在东京帝国大学的经济学部毕业,获得了经济学学士的学位。这一点很重要,郁达夫是那个年代正经的大学本科生。

那年的四月二十五日,郁达夫又办理了帝国大学文学部的学士免试入学手续。四月底,他又作为留学生代表回国,回到了杭州,与浙江的教育部门交涉增加官费的问题。五月一日,《创造》创刊号发刊纪念,他从杭州赶到了上海,参加了发布会,二日便又回到了杭州继续交涉。一直到了五月底又从杭州到了上海,参加湖畔诗社的诗集的首发式。

六月三日，又回到东京，继续学习。同时完成了小说《秋柳》和《风铃》的写作。

七月十九日郁达夫从东京坐火车到了神户，二十日从神户坐船回上海，至此，结束了他十年留学日本的生活。

到上海以后，立即便投入创造社的编辑工作中。

这一年的九月初，郁达夫带着孙荃和他们的儿子龙儿，一起到了安庆去教书。这是郁达夫结婚以后，第一次进入丈夫这个角色。

梳理一下郁达夫一九二二年的足迹，基本是安庆—上海—富阳—上海—东京—杭州—上海—东京—上海—富阳—安庆。

这一年在安庆教书的时候，郁达夫并不开心，因为被胡适骂了一次。所以，他敏感而忧伤地给胡适写了一封信，《答胡适之先生》，很谦卑地解释胡适可能产生的误会，以及他所认为的道理。

这封信在后来还是取得了胡适的谅解，两个人有了交往。

在安庆教完了这一个学期的课以后，郁达夫便辞了职。具体辞职的时间是一九二三年二月，大概是春节前，他带着孙荃和儿子先到了上海，然后，又让孙荃带着孩子回了富阳。

这一个学期的夫妻生活，郁达夫是如何与孙荃相处的呢，如果看完郁达夫的那篇几近实录的《茑萝行》，可能会对郁达夫有些失望。

郁达夫记录了他于一九二二年暑假回富阳看望孙荃的情形。结果,一到家里,孙荃看到郁达夫便哭了。郁达夫问她,有什么事,为什么哭了?其实,这有什么好问的呢,要么就是受了他母亲的委屈,要么就是想念他了。结果,郁达夫不问还好,一问,孙荃哭得更伤心了。郁达夫当时也很难过,于是两个人抱头哭在了一起。

这一回到家里,便抱头痛哭,楼下的老母亲不乐意了,大声地骂起了他们两个人,在《茑萝行》里,郁达夫如此描写他母亲的骂人:"……什么的公主娘娘,我说着这几句话,就要上楼去摆架子。……轮船埠头谁对你这小畜生讲了,在上海逛了一个多月,走将家来,一声也不叫,狠命的把皮篋在我面前一丢……这算是什么行为!……你便是封了王回来,也没有这样的行为的呀!……两夫妻暗地里通通信,商量商量,……你们好来谋杀我的……"

郁达夫一听母亲的骂,才知道,原来在家里,母亲也是给孙荃气受。而孙荃呢,生来是一个好性子,任母亲骂完了,便上楼。这便是母亲口里的"公主娘娘,上楼摆架子"。

郁达夫决定带孙荃去安庆,一则是可以相互照顾,再则是可以让她摆脱母亲的折磨。

然而,到了安庆之后,孙荃怀孕了。即将生育孩子,郁达夫对此事并未做好准备。因为,他的确养活不了母子二人。又加上,他被胡适攻击,所以,心里生气,便向孙荃发泄。在《茑萝集》中,郁达夫这样写他为什么一天天的粗暴起来的:"第一因为学校里的课程干燥无味,我天天去上课就同上刑具被拷问一样,胸中只感着一种压迫。第二因为我在杂志上发表了一篇旧作的文字,淘了许多无聊的闲气。更有些忌刻我的恶劣分子,就想以此来作我的葬歌,纷纷的攻击我起来。第三我平时原是挥霍惯了的,一想到辞了教授的职后,就又不得不同六月间一样,尝那失业的苦味。况且现在又有了家室,又有了未来的儿女,万一再同那时候一样的失起业来,岂不要比曩时更苦。"

正因此,平时在外人看来性格温和的郁达夫,在孙荃面前却成了一个脾气暴躁的人,动不动就向她发脾气。"我在外面受了气回来,不是说你做的菜不好吃,就骂你是害我吃苦的原因。"

郁达夫是怎样骂孙荃的呢,在《茑萝集》里,郁达夫几乎自我解剖式地呈现了出来,他这样骂她:"你去死!你死了我方有出头的日子。我辛辛苦苦,是为什么人在这里作牛马的呀。要只有我一个人,我何处不可去,我何苦要在这死地方作苦工呢! 只知道在家里坐食的你这行尸,你究竟是为了什么目的生存在这世上的呀?……"

这辱骂恶毒,几近无耻。

然而,骂完了以后,郁达夫又会觉得自己错了,然后又后悔不已,向孙荃道歉,并向她解释,他为什么生气,这些不如意来自哪里。

孙荃呢，因为没有自己的精神生活，只希望郁达夫快乐，所以，听完郁达夫的解释，便不再生他的气，甚至还为他受到了不公正的待遇而不平。

然而，这样的事情，不止一次，直到他们的第一个孩子龙儿出生。

龙儿出生以后，因为并不足月，所以，常常闹夜。

郁达夫觉得教书的工作他并不喜欢，便主动辞了职，然后，他的哥哥本来是在银行里帮他谋了一个位置，然而，因为政治原因，那银行没有开。郁达夫就天天在家里喝酒，骂老婆孩子。他骂孙荃和龙儿是他的脚镣，他迟早会沉水而死，就因为这两个脚镣太沉了。

那天晚上，郁达夫吃完了酒，就赶孙荃和孩子回富阳去，不要在他身边。孙荃爱郁达夫，知道他是一时的气愤，说的是气话，哪里肯听。所以，不离开。郁达夫呢，就骂得越来越凶。

一直到深夜，郁达夫自己睡着了，蒙眬中，听见孙荃在小声地哄龙儿，说什么："……你要乖些……要乖些……小宝睡了罢……不要讨爸爸的厌……不要讨……娘去之后……要……要……乖些……"

郁达夫听得很烦，想睡觉睡不着，就一翻身不听了。然而，他睡得正结实的时候，家里的门被梆梆地拍响，原来是前街的一个车夫敲门,是他救了投河自尽的孙荃。

郁达夫便哭了,他的哭有多种解释,他自己的解释是这样的:"我把洋灯在地上一放,就抱着了你叫了几声,你的眼睛开了一开,马上就闭上了,眼角上却涌了两条眼泪出来。啊啊,我知道你那时候心里并不怨我的,我知道你并不怨我的,我看了你的眼泪,就能辨出你的心事来,但是我哪能不哭,我哪能不哭呢! 我还怕什么? 我还要维持什么体面? 我就当了众人的面前哭出来了。"

可以说,如果这一次,孙荃真的自杀成功了,他就是那个用语言暴力杀人的人。而他在孙荃被救了以后,反复地写孙荃是不会埋怨他的。那么孙荃去埋怨谁呢? 埋怨她自己,眼睛瞎了,为什么嫁给他了吧。

还好,郁达夫将孙荃送进了医院,并且老老实实地在医院里照顾了孙荃十五天。他写道:"在医院里看护你的十五天工夫,是我的心地最纯洁的日子。利己心很重的我,从来没有感觉到这样纯洁的爱情过。可怜你身体热到四十一度的时候,还要忽而从睡梦中坐起来问我:龙儿,怎么样了?"

他竟然被自己感动了。

他甚至还决定陪着孙荃一起到富阳,在富阳的北郊置一块地,自己动手,建一个院子。他给了孙荃一个美好的希望。

然而,到达上海的第二天,他便改变了主意。自己有些不想离开上海,但又怕说出来伤了孙荃的心,就在那里唉声叹气的。

孙荃倒真是一个贤惠的女人,知道他的心思,只对他说,你送我和龙儿去火车站便好了,你留在上海吧。

《茑萝行》差不多如实记录了郁达夫和孙荃在安庆的生活,显然,在这一段时间里,他不是一个合格的父亲,甚至也不是一个合格的丈夫。

这一年,送走老婆和孩子以后,郁达夫去了北京,在大哥郁曼陀家里小住了一阵子。这一年,鲁迅与周作人还没有闹翻。到了北京以后,郁达夫第一件事自然是拜见周作人,因为周作人对《沉沦》的好评,帮助了他。

查鲁迅的日记,一九二三年二月十七日,正是农历的大年初二这一天,鲁迅写道:"晴。休假。午二弟邀郁达夫、张凤举、徐耀辰、沈士远、尹默、凱士饭,马幼渔、朱遏先亦至。谈至下午。"

虽然周作人于郁达夫有帮扶之恩,然而,自第一次见面之后,郁达夫便被鲁迅截胡,成为好友,至死。十天后的二月二十六日,郁达夫第一次请鲁迅吃饭。第二天,郁达夫又请鲁迅吃饭。嗯,好哥们儿才会这样天天混在一起。

三月上旬,郁达夫的祖母病危,他离京返家。

而后郁达夫回到上海,五月十三日《创造周报》发行。七月,郁达夫完成了他的第二部代表作《春风沉醉的晚上》,这篇文字有了左翼文学的典型特征,他将目光关注到了在上海这个大都市生活着的底层女工陈二妹的现实。

然而，尽管《创造周报》办得有声有色，郭沫若和郁达夫这些人却并没有因此获利。郁云的《郁达夫传》里描述了他们的生活窘迫："创造社在这时候，虽已发展到昌盛时期，但除《中华新报》每月一百元编辑费外，并无其他固定经济来源。创造社的成员，为泰东书局编出了《季刊》和《周报》，泰东从不给他们工资，甚至连稿酬和编辑费都不付，只是五元十元不定期地支付一些零用钱。因此，他们一面忙于应付三种期刊的编辑出版，一面却感到生活的窘迫。"

正是在这样的背景下，北京大学的陈启修教授邀请郁达夫到北京大学去代他教统计学，因为陈启修要到苏联去讲学。郁达夫同意了，觉得，到北大讲课，无论如何有一份收入，或者可以接济一下上海的他们。

郭沫若不同意，觉得《创造周报》正是在最活跃的时候，郁达夫如果离开，可能会导致报纸的内容没有卖点。

然而，郁达夫还是如期地去了北大。

郁达夫到北京以后，除在北大教统计学之外，后来还在北平平民大学和国立艺术专门学校兼职授课。

不过，也有坏消息，就是，郭沫若他们离不开郁达夫，十月份郁达夫一到北京，这个月底，创造社与《中华新报》合作的《创造日》便办不下去了。

十二月，郁达夫给郭沫若和成仿吾写了一封信，这是他离开上海以后写的第三封信,信很长。在信里,他说他到北京的第二天,便理短了头发,刮去了胡子。可以想象,这是一种脱胎换骨的改变吧。

在这封信里,郁达夫对郭沫若说起他对孙荃的感情。他在信里是这样写的:"运命的使者,把我从母体里分割出来以后,就交给了道路之神,使我东流西荡,一直漂泊到了今朝,其间虽也曾遇着几个异性的两足走兽,但她们和我的中间,本只是一种金钱的契约,没有所谓的'恋',也没有所谓的'爱'的。本来是无一物的我,有什么失不失,得不得呢?你们若是问起我的女人和小孩如何,那么我老实对你们说吧,我的亲爱她的心情,也不过和我亲爱你们的心情一样,这一种亲爱,究竟可不可以说是恋爱,暂且不管它,总之我想念我女人和小孩的情绪,只有同月明之夜在白雪晶莹的地上,当一只孤雁飞过时落下来的影子那么浓厚。"

前一阵子,在安庆的时候,因为孙荃受不了郁达夫的埋怨而跳河自杀被救,然后住院的日子,郁达夫还说他从来没有如此纯洁地和孙荃相爱过。然而时过境迁。

说到底,对于孙荃,郁达夫是不满足的。这种不满足,不是不喜欢,而是在精神上不满足。他将他对孙荃和孩子的亲密关系竟然与郭沫若等人的感情相类比,可以想象的是,他并没进入丈夫与父亲的角色里。

他还认为自己是一个漂泊者。这种身份的错位感,让他觉得自己的内心还是空的,还可以住进来任何一个女人。

内心的空虚,让郁达夫觉得自己是一个一无所有的人。所以,他的郁闷常常是虚无的,没有理由的。他的空虚更多的是一种精神上的焦虑。

郁达夫在信里对郭沫若描述了他的自虐和荒诞。为了治疗自己的无聊,他和到他的住处聊天的友人约定,见面不许谈论文学,更不许谈论他的小说。然而,到他这里的人,必然会谈到文学啊。等这些人走了,郁达夫就将他的书啊,或者衣服啊,全都剪碎了,烧毁。

还有一次,他的书都烧没有了,于是,他去一家香烟店里,买了一包最便宜的香烟,将这一包香烟全都塞到了炉子里,把自己熏得满眼流泪,如此刺激和自虐的结果呢,是他感觉到苦闷竟然减轻了不少。

说到底,还是一种年轻的欲望无处释放。

果然,第二年年初,郁达夫又如实地记录了自己的生活状态,他给自己的命名,是"零余者"。这个命名,在现代文学史上独一无二。没有一个作者敢称自己是一个没有用的人。郁达夫就敢,他直接在散文里将自己清空为零,一个对社会没有用的人。

郁达夫有一种对生活的不满,在北京大学教书的内容是统计学,他并不喜欢。还有呢,工资当时也并不高。最重要的是,他的身体无处寄存。

而此时,在上海的郭沫若和成仿吾日子也不好过。先是与《中华新报》合作的《创造日》副刊停刊了,接下来,他们的《创造》季刊,也办不下去了。唯一保留的是《创造周报》,但也生存困难。

这个时候,在北京的太平洋社向郁达夫建议,他们准备停办他们正在办的《太平洋月刊》,与创造社合办《创造周报》,但是呢,在内容上,他们想,前半部分的政治内容是太平洋社来组稿,后半部分的文艺类内容由创造社来负责。

郁达夫答应了,觉得可以缓解双方的困境,然而,郭沫若不同意。

一九二四年三月七日,郁达夫又给郭沫若和成仿吾写信,还起了一个供发表用的题目叫作《北国的微音》。有一段特别有趣,是专门劝成仿吾不要结婚的,是这样写的:"仿吾!我说你还是保守着独身主义,不要想结婚的好!恐怕你若结了婚,一时要失掉你的这孤独之感。而这孤独之感,依我说来,这便是艺术的酵素,或者竟可以说是艺术的本身。所以你若结了婚,怕一时要与艺术违离。讲到这里我怕你要反问我:'那么你们呢,你和沫若呢?'是的,我和沫若是一时与艺术离异过的,不过现在我们已经恢复了原来的孤独罢了。……"

成仿吾的回信更有趣,直接自嘲说,关于我的结婚的事情你以后就不要再劝慰了,因为我一听到女人这两个字,就想到一张红嘴唇嘲笑我,你这么难看,还这么穷。甚至,成仿吾还说,托尔斯泰也很难看,可是他有钱啊。所以,他的青春多欢乐。

一九二四年五月,郁达夫回了上海一趟,和成仿吾商定以后,决定同意与太平洋社合作,创办一份新的周刊,叫作《现代评论》。这一下,创造社的办刊历史便结束了。所以,远在日本的郭沫若非常恼火,他不同意郁达夫与成仿吾的决定,他称郁达夫和成仿吾的这一次变更,是让一个已经夭折了的《创造周报》又被奸尸了一次。

郁达夫五月回上海这一次,又回了一次富阳,小住了几天。但是,却发生了一件不愉快的事情。

大概是他回到家里的第三天晚上,郁达夫与母亲喝了一点小酒。他的母亲手里拿着郁达夫从北京带回的大哥家的孩子的照片,那孩子穿着一身洋服,很是有神气。这个时候,孙荃也在厨房里吃完了饭,抱着他们三岁的龙儿来到了郁达夫身边,当孙荃看到了这张照片那身帅气的西服的时候,讨好儿子地问他,龙儿,你要不要这样的好洋服穿?

小孩子懂什么,一听母亲夸好,自然是要的。郁达夫便逗了龙儿一句,说,没有。

结果,因为和郁达夫并不亲近,郁达夫这样一说,龙儿便大声哭了起来。

怎么办呢,于是三个人轮流上来哄,结果,无论如何也哄不好。

郁达夫的母亲便生了气,说,你这孩子真不听话,穿洋服那是要前世修来的福分,哪里有哭闹一下就有的呢。你要哭也向你的爸爸去哭闹,我是没有钱给你做洋服。

郁达夫从未和老婆孩子以及母亲这样仔细地相处过。所以,他觉得是孩子让他丢了面子。此时的郁达夫,并没将自己当成一个父亲,想着该如何教育或者保护自己的孩子,而是觉得自己的脸被这个孩子弄得没有了。所以,他动手打了孩子。

可能是心里颇有气,一巴掌将龙儿的脸上打出了五个手掌印,孩子受了疼,狂叫了起来。孙荃连忙将龙儿抱着上了楼,哄了半天才睡着了。

郁达夫等龙儿睡着了以后,才上楼,他有些后悔,开了灯,想看看龙儿的脸,结果,一看脸都肿了,所以,他抱着龙儿,让孙荃去拿香粉敷一下。孙荃这个时候有些怨恨郁达夫下手如此的狠,所以,就瞪了郁达夫一眼。郁达夫呢,正觉得对不起孩子,但又不知道该如何向孩子和孙荃说出来,看孙荃瞪他,只好大声骂孙荃,说,你怎么还不去拿香粉!

可以说,从打孩子,到骂老婆,郁达夫没有做对一件事情。他不是一个合格的丈夫和父亲。

一九二四年的十一月十二日,郁达夫还做了一件十分有意义的事情,就是去看望了当时正活得艰难的沈从文,并给他写了一封公开信,从此沈从文走上文坛。

一九二五年一月,与郁达夫熟悉的太平洋社的石瑛就任武昌师范大学校长,邀请郁达夫去武汉任文科的教授。

教写作一直是郁达夫想做的事情,所以,他一口应下。

这一年的四月,孙荃因为和婆婆的关系不和,郁达夫和哥哥商量了一下,让孙荃带着龙儿寄居在了北京的哥哥家里。

这一年的六月,郁达夫回到了北京,并在什刹海北沿河八号官房口租了一个院子,全家住了进来,因为孙荃正怀有身孕,在哥哥家里,颇有不便。

这一年的十一月,石瑛在武汉大学因为与一教授吵架,拍屁股不做校长了,郁达夫也只好离职回到了上海。

那可真是一阵风一吹,吹倒一大片作家的时代。一九二六年二月郭沫若接受广东大学的聘请,出任文学院院长,不久便推荐郁达夫去任英文系主任,不仅如此,郁达夫兼任广东大学的出版部主任。

然而这一年有一个非常悲伤的消息,几乎击沉了郁达夫。

一九二六年六月十九日,郁达夫抵达北京,他的五岁的儿子龙儿,因为脑膜炎无治而死。第二天,郁达夫和孙荃一起去了妙光阁的广谊园的墓地。

郁达夫和孙荃先是在一家店铺里买了些冥币,但是孙荃不满意,说是孩子还小,不识字,要买那些传统的带孔的纸钱。郁达夫应了她,陪着她去琉璃厂买。

他们就那样坐在孩子的坟头，从中午一直坐到了傍晚七点。孙荃坐在那里哭，郁达夫心也碎了。

郁达夫写了一篇纪念龙儿的散文，叫作《一个人在途上》，可能读过的人，没有不流泪的。他写得太深刻细腻了。原来，他也是这样珍惜亲情的人。

郁达夫称他的龙儿是为了填债而出生的，因为，他的这几年，一直奔波于各地，从日本回来，又返回日本，去安庆工作，又返回上海，来北京，又去武昌，又返回上海。一直到龙儿离世，他刚刚在广州立住脚。

他说，他从未在一个地方连续住过五个月，这种漂泊感，让他对一种稳定的幸福，有莫名的期待，这也正是孙荃和龙儿对于他来说的意义。龙儿也好，孙荃也好，是郁达夫在这个世界上的两粒药丸。

匆忙从广州赶回北京的那天晚上，他听着孙荃给他哭述龙儿这一个月的情形。她越哭，郁达夫越觉得自己欠了她一个丈夫，也欠了龙儿一个父亲。郁达夫想起去年暑期的时候，龙儿刚四岁，正是最可爱的年纪，郁达夫爬到院子里的枣树上，摘枣子给龙儿吃，郁达夫每将一粒枣子扔到龙儿掀起的大褂里，龙儿便会嘎嘎地笑上几分钟。然而，那天晚上，郁达夫睡不着，他很害怕听到窗外的枣树有枣子坠落下来，因为龙儿已经不在了，他吃不到了。

郁曼陀怕孩子刚离世，他们两夫妻住在租住的院子里伤心，就让他们两个搬进自己家里住几天。然而，住到第三天，郁达夫晚上老想着那棵枣树下龙儿的影子，他还是决定搬回去住，好闻到龙儿的一些味道。

上次郁达夫离开家的时候，龙儿很黏爸爸，走到哪里非要跟着。郁达夫也很享受这种天伦之乐，有心不想离京了，然而，耐不住郭沫若的电报。他要去广州，怕龙儿哭闹着不放他走，就骗龙儿说，要去大伯郁曼陀家里。龙儿和家里的保姆站在院门口送郁达夫，郁达夫走出很远了，还听见龙儿叫"爸爸——爸爸——"。这竟然是郁达夫听到的龙儿最后一次叫他爸爸。

孙荃对郁达夫讲龙儿的故事。还没有得病的一个月前，有一天，午后，龙儿在门口玩耍，看到一个戴着灰白色帽子的青年男人坐着一辆人力车，正和小伙伴玩的龙儿立即丢下小伙伴跑回家里告诉孙荃，说，爸爸回来了，爸爸回来了。孙荃被龙儿拉着出来，隐约看到一辆车远去了。龙儿一看爸爸远走却没有进家里，就又哭了，说，爸爸怎么不来家呀？

孙荃说，龙儿那么小，就记得清爸爸上次回来时戴什么颜色的帽子，是一个非常聪明的孩子。

郁达夫在龙儿离世前一年的暑假，还打过一次龙儿的。大概是他们刚刚搬到了什刹海，有一天，郁达夫带着龙儿在河边堤上散步，龙儿看到汽车上有人坐着，便也闹着想要坐汽车。郁达夫哄不了，只好动了手。这是四岁时候的事情，加上之前在富阳老家,因为孙荃的一句问话,龙儿想不想穿好看的洋服,结果他大闹,被郁达夫打了一巴掌。

龙儿离世后,郁达夫责怪自己。他这样写他的感受:"早知他要这样的早死,我就是典当强劫,也应该去弄一点钱来,满足他这点点无邪的欲望。到现在追想起来,实在觉得对他不起,实在是我太无容人之量了。"

可以说,郁达夫在龙儿死后,又多了一次对自己的反思。虽然这样的反思是从悲伤开始的。

让他最为悲伤的是,儿子对他的想念。这样的感情该如何还?

郁达夫觉得是龙儿在离世前五天不停地叫着爸爸,把他的身份感叫醒了。因为,他一直并没有进入父亲这个角色里,他只想要属于自己的自由。

孙荃说,临死前五天,龙儿每晚上一痛苦就喊爸爸。孙荃就在身边看着他,对龙儿说,你叫他有什么用。孙荃对龙儿说这样的话,是有些怨气的。她的话里包含着,你都这样了,他也没有来看看你,你还叫他。

可是,龙儿停了一会儿,仍然叫爸爸。

叫了两个晚上的爸爸,龙儿已经处于昏迷状态。偶尔醒过来,眼睛会流泪。孙荃这个时候已经想明白了,自己最亲爱的孩子可能保不住了。她对龙儿说:"龙!你若是没有命的,就好好的去吧！你是不是想等爸爸回来？就是你爸爸回来,也不过是这样的替你医治罢了。龙！你有什么不了的心愿呢？龙！与其这样的抽咽受苦,你还不如快快的去吧!"

一九二六年,郁达夫的书信在全集中只存有一封给一个叫作"玄背社"的文学社的回信。写这封信的时候,郁达夫已经快要走出龙儿离世的悲伤了。在这封信里,有一段文字,是回忆他的暑假的。他这样写道:"一两个月之后,接到了北京的来信,说我的龙儿病了。匆匆赶到北京,他的小生命,早已成了泥土。暑假三个月,伏处北京,只和我的女人,在悲哀里度日,旁的事情,一点也没有干。"

虽然悲伤,然而,还好,伸开怀抱,还有可以相互安慰的女人。对于孙荃也是如此,尽管龙儿离世,然而,在她最需要男人安慰的时候,郁达夫在她身边三个月。他回归了丈夫的身份。龙儿的死,更是让他明白,疼爱与想念,是尘世间最大的一个伤口,他这一次也被龙儿的死刺了一刀,内心汩汩地流着思念的血。

在订婚之后,郁达夫对孙荃有一种导师般的亲爱之情,仔细分析的话,那种感情不是爱情,是一种被捆绑在一起之后的男女间相互温暖的友谊。而龙儿出生后,孙荃随郁达夫到了安庆,因为孙荃投河而住院的那十五天,郁达夫自述说,从未有过如此纯洁的感情。是的,那是一种在特殊的背景下,两个百事哀伤的男女的相互依恋。郁达夫对孙荃有一种忏悔般的爱。而到了龙儿的死,这三个月,郁达夫和孙荃的感情才真正地过渡到了夫妻。是那种两个人不必再照顾对方的情绪,相互可以信任、相互可以诉说苦难和尴尬的夫妻。

从一九二〇年结婚,到一九二六年龙儿病逝,郁达夫用了六年的时间,才进入了丈夫的角色。尽管有一些不满足和不如意,但是一想到孙荃的那双泪眼,他便不再挣扎了。

可惜,他的本性决定了,他不会固守在一个女人的身边。不久后,王映霞便出现在他的生活里。

恋爱中

初见

一九二六年大约是一个适合分离的年份。

这年七月,鲁迅与许广平以及家人分开,应了林语堂的邀请,到厦门大学教书。

七月三十一日上午,郁达夫去鲁迅家里,为他送行。

九月的时候,创造社在广州开了一个会议。郭沫若被选为理事会主席,郁达夫缺席会议,但仍被选为总部理事和编辑委员。他的确是一个非常合格的编辑。

这一下,郁达夫又有活干了。

为了避免孙荃住在什刹海老是想念龙儿而悲伤,郁达夫决定还是让孙荃迁居在大哥郁曼陀的巡捕厅胡同。

安顿好了孙荃,郁达夫在十月初离开北京赴广州。

先是在上海做了简短的停留。十月十五日晚上,一个人悲伤,在上海的小旅馆里完成了他的散文《一个人在途上》,纪念龙儿。

在上海的简短停留,他还编了一期《创造》月刊。

梳理一下一九二六年创造社的一些琐碎事。这年的二月,郭沫若答应广东大学的聘请,同意出任文学院院长,并推荐了郁达夫和王独清。

三月一日,创造社的出版部本部在上海闸北宝山路三德里A11号成立。

三月十八日,郁达夫和郭沫若、王独清一起去广东大学,出任广东大学英国文学系主任兼教授。

六月初便得了孙荃的电报回京处理龙儿的后事。

等到十月,郁达夫回到广东大学的时候,因为学生闹学潮,广东大学已经更名为中山大学,换了新的领导群体,新任的校长是戴季陶,郁达夫这次不再担任英国文学系的主任,而是担任法科教授,并兼任中山大学出版部主任。也算是中山大学出版社的首任社长了。

然而,这一次回到广州,郁达夫并不开心。首要的原因自然还是龙儿的死,他没有办法从孙荃的那双泪眼里走出来,总觉得一个人逃到了广州,是一个悲伤的逃兵。他感觉自己将一个整块的悲伤留给了孙荃,而自己到广州借着工作来散心了。

其次是收到了孙荃的来信,病了,她的病更多的是因悲伤而起。郁达夫当然知道了,他在,他是她的一味药,现在药跑了,她自然就病得更重。

而最后一件伤心事是郁达夫留在广州的一箱书,竟然被破坏了。这箱书他视为珍宝,看看他在日记里发的牢骚:"在文科学院里闷住了十余天,昨日始搬来天官里法科学院居住,把上半年寄存在学校里的书箱打开来一看,天呀天呀,你何以播弄得我如此的厉害,竟把我这贫文士最宝贵的财产,糟蹋尽了。啊啊!儿子死了,女人病了,薪金被人家抢了,最后连我顶爱的这几箱书都不能保存,我真不晓得这世界上真的有没有天帝的,我真不知道做人的余味,还存在哪里?我想哭,我想咒诅,我想杀人。"

这是郁达夫《劳生日记》里的一段内容,这一天,是一九二六年十一月三日。

发完牢骚的第二天,便领到了中山大学的薪水,于是决定给孙荃寄一百六十块钱去。这个时候的郁达夫对孙荃是全心全意的爱护的,他在日记里这样写:"三点多钟去中山大学会计课,领到了一月薪水。回来作信与荃君,打算明早就去汇一百六十块钱寄北京。唉唉!贫贱夫妻,相思千里,我和她究竟不识要哪一年哪一日才能合住在一块儿。"

一句相思千里,又回到了两个人初识时的诗句传情里。

说是这样说,然而郁达夫一直都是一个不耐孤独者,所以,看他的日记便知道了,看到一对认识的新婚夫妻,也感伤一阵子。

看到一个女生,也写下来,因为他的同事穆木天正在追求她。

一九二六年十一月十五日,郁达夫的日记里出现了一位中国现代文学史上的奇女子,作家白薇。郁达夫在日记是这样写的:"在学校的宿舍里,遇见伯奇,他告诉我:'白薇来广州了。'他的意思,是教我去和她接近接近,可以发生一点新的情趣,但是我又哪里有这一种闲情呢?老了,太老了,我的心里,竟比中国的六十余岁的老人,还要干枯落寞。"

日记里写的是这样的淡漠,然而,在生活里,郁达夫见了白薇可并不是如此,而是非常热情的。

因为第二天,他第一次见白薇,便和她以及王独清在公园里走了半天路,还一起去看了戏。

白薇是一个有故事的人。说起来,和郁达夫也算是有点同病相怜。什么病呢,都是吃过包办婚姻的苦的人。白薇比郁达夫要好一些的是,她逃了出来。

白薇的第一个婚姻是去给一个李姓的人家做了童养媳,她不想老老实实地屈从于自己的命运,而被婆婆虐待。据说是因为白薇发现了寡妇婆婆的偷情,才招来祸端。

她逃婚至衡阳第三女子师范学院,不久被开除,又转至长沙第一女子师院读书,而后又逃至日本留学,在日本的学费,全是她业余时间打工挣来的。

在日本留学时,白薇和易漱瑜租住在一起,而易漱瑜的未婚夫是田汉。白薇在田汉的影响下开始写作。

一九二四年夏天,杨骚失恋,他深爱着的凌琴如移情别恋,而此时,白薇则暗恋着凌琴如的哥哥凌璧如,只是凌璧如已经有了老婆,所以,对白薇的好感并不回应。于是,两个失恋的人,有了化学反应。

然而白薇比杨骚整整大了六岁,这一段姐弟恋,在热烈一段时间以后,杨骚便开始逃避,而白薇却不依不饶地追逐着杨骚,直到有一天,杨骚跑到了南洋。

郁达夫遇到白薇的时候,也正是白薇的人生最低谷的时候,她失恋、失意,甚至还在香港被偷了钱包。

白薇在多年以后回忆郁达夫的时候,曾经将她与郁达夫初见时的窘迫境遇说出来了:"我开始认识他是在广州。一九二六年冬,我从日本回来,到了香港,小手提袋被扒手抢去了,我顿时成了穷光蛋,回广州的路费都没有了,又没有地方可借,只好把全部行李抵押给旅馆,才得到三十元回广州。"

自从一九二六年十一月十六日在酒席上见了白薇,郁达夫的日记里,便多了白薇的身影。十八日,"晚上月亮很大,和木天、白薇去游河,又在陆园饮茶,胸中不快,真闷死人了。"十九日,因为中山大学开会,他拒绝了王独清建议他和白薇去东山玩。二十日,晚上和白薇去看新娘子,还打了四圈牌。二十五日,"等了半个多钟头,印刷工人不来,就同黄女士上东山去玩了半天,回寓居,已经是晚上十点多了。"黄女士自然也是白薇。二十九日,"午后去学校,向戴季陶及其他委员辞去中大教授及出版部主任之职,明日当去算清积欠。夜和白薇及其他诸人去逛公园、饮茶,到十一点钟才回来。天闷热。"

辞了工作以后,郁达夫即将赴任上海,所以内心里的一些道德责任和形象维持仿佛有了一些松懈。所以,在十二月三日的日记里,郁达夫开始过起了名人生涯,接受宴请,和人照相,以及与别人一起看电影。这一天的日记需要细细摘录一下:"晚上又有许多年轻的学生及慕我者,设馔筵于市上,席间遇见了许多生人,一位是江苏的姓曾的女士,已经嫁了,她的男人也一道在吃饭,一位是石蘅青的老弟,态度豪迈,不愧为他哥哥的弟弟。白薇女士也在座,我一人喝酒独多,醉了。十点多钟,和石君、洪君、白薇女士及陈震君又上电影馆去看《三剑客》,到十二点散戏出来,酒还未醒。路上起了危险的幻想,因为时候太迟了,所以送白薇到门口的一段路上,紧张到了万分,是决定一出大悲喜剧的楔子。总算还好。送她到家,只在门口迟疑了一会儿,终于扬声别去。"

这一段借酒言情的日记,差不多详细写了他的内心活动。而多年以后,白薇在回忆郁达夫的时候,这样记述了郁达夫曾经对她说过的一段话:"'有人认为我很浪漫,其实我的内心是很正直的,别看我常常和女孩子们也握握手,拍拍肩,我认为这是友爱,不是邪爱。你不信?即使有哪个女孩子在我家过夜,我决不会触犯她。'他邀我去他寓所作客,我始终不敢。"

这一段话,对应起郁达夫的日记来,便有些微妙了。

大概是郁达夫之前有过一些意念和暗示,然而,白薇因为没有走出和杨骚的感情阴影,所以,并没有进入郁达夫的感情铺垫里。所以,两个人虽然一起吃了很多次饭,看了多次电影,讨论了很多人生话题,然而终究是纯洁的。这倒是真的。

我们把镜头再一次对准郁达夫,一九二六年十二月三日,郁达夫送白薇回到住处之后,觉得内心里有一股欲望,无处发泄。时间太晚,学校也早已经关门了,所以,郁达夫便坐洋车到了陈塘的妓院街里,然而,他摸了一下钱袋,没有多少钱了,语言也不通,便又觉得没有意义。不能谈心、说故事的妓院,就是广州了。所以,郁达夫对广州不满,也不乏这样的细小原因。郁达夫在雨中走了半个钟头,又决定到船上去住。民国时期的广州河边,有一些疍家人,是一些渔民,一生都生活在船上。郁达夫找了一家小艇借宿,和两个年轻的疍家妇同船,但隔着一个门帘。她们问郁达夫,要不要一个"老举"来伴宿。老举是广东方言,妓女的意思。

郁达夫这个时候,走得累极,将对白薇的那一份欲念早已经消耗殆尽了,所以,他摇头不应。就那样在那个小船上住了一夜。在日记里,郁达夫又感叹自己的人生:"一边只在对了横陈着的两疍妇发抖,一点一滴的数着钟声,吸了几支烟卷,打死了几个蚊子,在黑黝黝的洋灯底下,在朱红漆的画艇中间,在微雨的江上,在车声脚步声都已死寂了的岸头,我只好长吁短叹,叹我半生恋爱的不成,叹我年来事业的空虚,叹我父母生我的时日不辰,叹着,怨着,偷眼把茝妇的睡态看着,不知不觉,也于午前五点多钟的时候入睡了。"

一九二六年十二月七日,农历十一月初三,是郁达夫三十岁的生日。他在家里闷坐着写了一首词,叫作《风流事》,因为晚上的时候,成仿吾要请客,给郁达夫过生日,所以,他在这词作里这样写:"小丑又登场,大家起,为我举离觞,想此夕清樽,千金难买,他年回忆,未免神伤。最好是,题诗各一首,写字两三行。踏雪鸿踪,印成指爪,落花水面,留住文章。明朝三十一,数从前事业,羞煞潘郎。只几篇小说,两鬓青霜。谅今后生涯,也长碌碌,老奴故态,不改佯狂。君等若来劝酒,醉死无妨。"

日记里,专门做了注释,说,小丑登场事,见他的小说。

如果阅读郁达夫作于一九二四年十一月初三的那篇小说,就可以看到郁达夫的孤独与无聊。那篇小说的名字就叫《十一月初三》。那时,他还在北京大学。他生日的时候自然想起了孙荃,在小说的第二段里,他写到了孙荃对他的好,有这样叙述:"今天也是这样的呀!这样的天气,这样的大风天气,又况在这一个时候,这一个黄昏时候,若是我的女人在我的边上,那么,我所爱吃的几碗菜,和我所爱喝的那一种酒,一定会不太冷也不太热的摆在我的面前;而她自家一定是因为晓得我不喜欢和她见面的原因,要躲往厨下去;一边她若知道我的烟也快完了,那么,必要暗暗里托我所信用的年老的女底下人去买一罐我所爱吸的烟来,不声不响的搁在我的手头……啊啊!这些琐碎的事情,描写起来,就是写一千张原稿纸也写不完,即使写完了,对于现在的我,又有什么补益?"

两年前的生日,一个人在北京想念孙荃,然而这篇小说里的小丑事,不过是看到一个十几岁的好看的姑娘,那姑娘对他转身微笑了两次,便惹得他相思了良久,甚至在一个孤独的夜晚,独自去寻找那姑娘的家,想去隔着窗子,再看一眼。

他自称这是小丑事,所以,他写诗自嘲,小丑又登场,也算是一种坦荡。

三十岁生日这天,郁达夫醉酒,就住在了吃饭的酒店里,他在日记里伤怀,写道:"一晚睡不着,想身世的悲凉,一个人泣到了天明。"现在看来,很是幼稚。

十二月八日,和白薇等人一起吃了晚饭。隔了一天,郁达夫的行李收拾得差不多了。白薇送了郁达夫一张照片。他在当天的日记里赞美白薇:"很灵敏可爱。"

十二月十二日,在创造社遇到了白薇,白薇和他一样,第二天便要离开广州,回湖南,还托郁达夫带两件礼物给她在杭州的妹妹。这一天,郁达夫和白薇谈了半个晚上。在日记里,郁达夫这样来描述他和白薇的聊天:"与白薇谈了半宵,很想和她清谈一晚,因为身体支持不住,终于在午前二点钟的时候别去。返寓已将三点钟了。唉,异地的寒宵,流人的身世,我俩都是人类中的渣滓。"

好一个"我俩都是",这是两个人暧昧过后,成了可以清澈交流的朋友,双方不再考虑恋人关系,那么,好像满腹的委屈和隐私,都可以和盘托出了。

郁达夫说自己渣,也就算了,但和白薇聊了一个晚上,就说她也渣,可能除了她的身世之外,还有她对男女两性的认识吧。

后来王映霞写自传,在《王映霞自传》中有一个回忆白薇的章节,写到了她与郁达夫结婚以后,白薇到他们家里做客。白薇离开以后,郁达夫便让王映霞将她用过的东西都消毒一下。王映霞问郁达夫为什么,郁达夫说,她有毛病。

估计,这个随口说出来的毛病,便是一九二六年十二月十二日这一晚的深谈获悉的内容吧。尽管郁达夫从未在任何文章里说过一句白薇向他讲述过的话。

在网络上搜白薇的片断传记,会有一些她和杨骚的八卦内容,比如,说杨骚得了性病,传染给了白薇。

而郁达夫所说的毛病,大概就是类似的事情吧。

不然,他怎么会在日记里说"我俩都是人类中的渣滓"呢?!

十二月十三日,白薇走了。郁达夫在日记里写道:"白薇去了,想起来和她这几日的同游,也有点伤感。可怜她已经白过了青春,此后正不晓得她将如何结局。"

郁达夫的担心仿佛是对的,白薇和杨骚终于没有一个好的结局。

十二月十四日这一天是郁达夫在广州待的最后一天,他不喜欢广州这个城市,可能更多的原因是,他没有遇到知音的女性。妓女说话他又听不懂,又加上,孩子新逝,他的悲伤对他也是一种约束。正因他对广州印象不好,所以在这一天的日记里,他这样骂广州:"行矣广州,不再来了。这一种龌龊腐败的地方,不再来了。我若有成功的一日,我当肃清广州,肃清中国。"

读郁达夫的日记,每一次看到这里,都觉得像看一部他自己导演的纪录片一样。郁达夫就一直活在他的日记里,他的伤心,他的孤独,他的无聊,都是流动的,活的。

郁达夫在广州的这一段时间里,对白薇是感兴趣的,然而,可惜白薇对他没有感觉,所以,郁达夫才有机会遇到王映霞。

郁达夫的《村居日记》自一九二七年一月一日开始记。他从一九二六年十二月十五日上船,一直到二十七日才到上海。整整走了十二天。

一月二日,郁达夫理完发以后,去一个浴室洗澡,那浴室大概非常的豪华,让他生出一种精神上被侮辱的贫穷感,他竟然在日记里这样写:"理发后就去洗澡。温泉浴室真系资本家压榨穷人血肉的地方,共产政府成立的时候,就应该没收为国有。"

这是典型的俄式社会主义理念,可以想象,当时的郁达夫的政治倾向,是非常明显的社会主义思想。

一九二七年一月三日,路遇上海艺术大学的校长周勤豪夫妇,于是去他们家里吃饭。郁达夫在日记里表达了对周夫人的喜欢,他这样写:"周夫人是我所喜欢的一个女性,她教我去饮酒,我就同她去了,直喝到晚上的十点钟才回家睡觉。"这则日记在后来发表的时候,有所修改,将"周夫人是我所喜欢的一个女性"改成了"周夫人是一位直爽的女性"。这样便得体多了。

第二天的时候便遇到了徐葆炎和徐亦定兄妹。徐亦定和郭沫若曾经有过一段恋情,郁达夫是知道的,所以,见到徐亦定以后,他有些亲切,在日记里,他这样写他的印象:"又到酒馆喝酒,醉后上徐君寓,见了他的妹妹,真是一个极忠厚的好女子,见了她我不觉对欺负她的某氏怨愤起来,啊啊,毕竟某氏是一个聪明的才子。"

那天晚上,他又去了周勤豪家里吃饭,在日记里写道:"晚上在周勤豪家吃饭,太觉放肆了,真有点对周太太不起。"

一九二七年一月八日,周末,大雨。郁达夫听着雨声,突然想起了孙荃,这是近半个月第一次在日记里写到孙荃,但并不是想念,而是一种自怨自艾:"晨七时即醒,听窗外雨滴声,倍觉得凄楚。半生事业,空如轻气,至今垂老无家,栖托在友人处,起居饮食,又多感不便,啊,我的荃君,我的儿女,我的老母!"

一月十日,郁达夫收到了孙荃的来信,埋怨他久不给她写信,又说她在雪地里走到前门给他寄来皮袍子。这自然是感情的压迫。

在上海的郁达夫,比广州更有了生活的趣味,不但如此,他也开始了他写作的高峰。在一月十日的这天,他在日记里列出他的写作计划来:"未成的小说,在这几个月内要做成的,有三篇:一,《蜃楼》;二,《她是一个弱女子》;三,《春潮》。此外还有广东的一年生活,也尽够十万字写,题名可作《清明前后》,明清之际的一篇历史小说,也必须于今年写成才好。"

看这一天的日记,郁达夫几乎是当时最为勤奋的写作者了。

收到孙荃寄来的皮袍子以后,他坐在四马路的酒馆里喝酒,看着路边的行人,一直坐到晚上,想着要赶快写一篇小说,卖了换钱,给孙荃寄过去过年用。但是,除了钱,还有什么方法来安慰孙荃呢,他想不起来。在日记里,他称孙荃为自己的"女奴隶"。其实他的命名没有错,孙荃在当时那个时代,可不就是他的奴隶,给他生儿育女之外,就是等着他。郁达夫在日记里,对孙荃总是有歉意的,一月十三日这天,他这样写:"心里只在想法子,如何的报答我这位可怜的女奴隶。想来想去,终究想不出好法子来。我想顶好还是早日赶回北京去,去和她抱头痛哭一场。"

郁达夫的药方可谓简单粗暴,就是抱着哭一下就好了。

一月十三日还在念着孙荃的好,然而,一月十四日,他的人生便发生了巨大的变化。

在广州的王独清要到上海来,然而,没有路费,于是郁达夫和华林一早去光华给王独清汇款。

从光华那里汇款以后,他到法租界尚贤里的同学孙伯刚家里去打个招呼。然而,就在这一天,他遇见了王映霞。在日记里,郁达夫这样写他的心动:"从光华出来,就上法界尚贤里一位同乡孙君那里去。在那里遇见了杭州的王映霞女士,我的心又被她搅乱了,此事当竭力的进行,求得和她做一个永久的朋友。"

这一天中午,郁达夫极尽的摆阔,只为了王映霞美人一笑。同一天的日记里,三处想王映霞。他这样写他的想念:"中午我请客,请她们痛饮了一场,我也醉了,醉了,啊啊,可爱的映霞,我在这里想她,不知她可能也在那里忆我?"下午的时候他去找徐志摩,为了创造社不被查封的事情,晚饭后又开始想念王映霞,"月亮好极了,回来之后,又和华林上野路上去走了一回。南风大,天气却温和,月明风暖,我真想煞了王君。"

白薇成了生命中一缕非常细微的风,而那个让他愧疚的女奴隶,既然一直那么安静地等着,他也许可以暂时将她存在某封信里。只有眼前的这个姑娘,让他觉出了人生的意义。

此刻的王映霞,对于郁达夫来说,就是那晚的月亮和暖风,他需要她来照亮自己,来温暖自己,驱赶他前半生所有的落魄。

相思

王映霞是怎么住到了郁达夫留日同学孙百刚家里的呢？可能需要一部纪录片的长度，才能梳理清楚。那么，我们便从王映霞的名字说起。

王映霞的本名叫金宝琴。她的父亲姓金，母亲姓王。王映霞的外祖父王二南是一个地方名人，喜诗词，是南社的成员。他喜欢幼小的王映霞聪慧，对王映霞的父亲金冰孙说，这丫头我极喜欢，让她过继给我当孙女，改姓王如何？

金家兄弟四人，王映霞的父亲金冰孙排行老四，是最小的一个，家族里人丁颇为兴旺，所以不在乎少了一个女孩，于是金冰孙一口应下。

王二南给"金宝琴"改名为王旭，旭是旭日升起的意境，王二南又据这个字，取了一个号，叫映霞。于是金宝琴姑娘，便摇身一变,成了王映霞。若不然,现代文学史上,扰乱郁达夫的人,可能另有其人。

王映霞十二岁那年,父亲病逝,第二年她考上了浙江女师附小的高小一年级。一九二三年,十五岁的王映霞考入浙江省立女子师范学校。在读女师的时候,她看过郁达夫的小说《沉沦》,王映霞读到的时候,感受是:"至于《沉沦》里的大胆的描写,觉得有些怕看,有些难为情,因为和我这时的实际生活,不相符合。有一种似真似假的猜想,我的意念中也曾动过不少的疑虑。"

一九二三年的时候,郁达夫刚刚写完《春风沉醉的晚上》,这一名作成为他的转型之作。郁达夫从上海到了北京大学工作,距离王映霞有一千多公里的距离。

时间真是一个最好的魔术师。

一九二一年,在东京的一家叫作菊坂轩的餐馆,孙百刚听到一个中国留学生和饭馆里的大厨在说话。引起孙百刚兴趣的不是这个叫郁达夫的中国留学生,而是那个宁波口音的厨师,他在说"我"的时候,一律称"他",这样听起来便十分的难懂,且有趣。

孙百刚便去搭讪,相互介绍了一下,原来是老乡。郁达夫当时正在东京帝国大学政治经济部学习。孙百刚见他是同乡又兼前辈,便邀请郁达夫到他的住处去聊天。

这一下熟悉起来。原来,郁达夫早年间,在杭州之江大学预科读书闹学潮的时候,住进了学校旁边的一个同学家里,而那个叫王启的同学,竟然是孙百刚继母的弟弟。

这一下,两个人仿佛又多了一层共同的回忆。

花开两朵,各表一枝。

且说王映霞,一九二六年从女师毕业以后,她希望能走得远一些,好独立生活,长一些见识。她在女师念书时的老师林本侨便到了温州十中去教书,不止林老师一个人,还有一些其他的教师。这个时候,王映霞的老师推荐她去温州十中附小做音乐老师,还有幼稚园的班主任,问王映霞愿不愿意。

王映霞征得了祖父王二南的同意,只身往温州去了。

和王映霞一起去温州十中报到的,还有她的同班同学孙秀兰,孙秀兰是作为王映霞的助手去的,到了温州十中的附属幼儿园,王映霞是主任,而孙秀兰是副主任。

有了同学的帮助,孤独感会减少。然而,关于学习和进步,王映霞还是有规划的,她一直想学习日语,想有一天考上公费的留学生,去日本留学。

就是这样,她去找她在女师的老师林本侨,在林老师的介绍下,王映霞去拜访了孙百刚。

孙百刚对王映霞的第一印象,也是觉得她很美。在《郁达夫外传》里,孙百刚这样描述他所看到的十八岁的王映霞:"在将近半小时的谈话中,我知道她是哪一年暑假于杭州横河桥女中讲习班毕业的。她校中的先生有不少是我的熟人,顺便谈到很多朋友的事情。她的亭亭的身材、健美的体态，犀利的谈锋，对人一见就热络的面庞，见着男子也没有那一种忸怩造作之态，处处都显示出是一位聪明伶俐而有文化教养的女子。尤其她那一双水汪汪的眼睛，一张略大而带有妩媚曲线的嘴唇，更给人以轻松愉快的印象。"

不几天，孙百刚和他的夫人杨掌华一起去回看王映霞，还认识了王映霞同屋居住的孙秀兰。

孙百刚的父亲和王映霞的祖父王二南是多年的好友，这一下，王映霞便遇到了一个长辈。孙百刚和温州十中的校长金嵘轩是留日的同班同学，孙百刚是受了同学的邀请到了温州十中教书的。

王映霞很快和孙百刚的夫人掌华成为无话不谈的好友。

一九二六年冬天，民间一直有一些流言在传说，福建的军阀周荫人要北上，进攻江浙沿海地区。这一年的十二月，为了学生的安全，温州十中的学生提前放了寒假。

十二月的某一天，孙百刚正和夫人计划是继续留在温州，还是返回杭州，又或者是直接到上海去。这个时候，王映霞来找他们了。

原来，王映霞和孙秀兰去轮船公司买船票，结果根本没有，连下一周的船票都卖空了。她们两个没有办法，只好先留下了姓名，登记排号。

然后几乎是焦虑着来找孙百刚商量一个主意。

孙百刚对王映霞说:"我们也正在举棋莫定、迟疑不决中。刚才我到对面去看过道尹张冷僧,他对我说:一时周荫人的兵还不会到,局势如果到真正紧急时,他那里一定知道的。他关照我一切都准备好,到最后他和太太走的时候,会来招呼我一起走的。和他同走,舱位是绝无问题的。这点小事,他是地方上的最高长官,无论如何总有办法的。"

那时的孙百刚租住在道尹张冷僧的对面,而且,他们家和张冷僧是世交,张冷僧按辈分是孙百刚的长辈,所以,断不会哄骗他的。

照理说,孙百刚夫妻也和王映霞交好已久,这样说过之后,王映霞就应该回到住处等孙百刚的消息。可是,王映霞接下来的做法,足以呈现她的性格。

孙百刚在《郁达夫外传》里是这样写的:"当时映霞她们听了我的说话,非常高兴。映霞就说:'那么我们准备跟孙先生、孙师母一同走,你们几时走,我们也几时走。你得预先和张道尹说定,要留四个人的舱位才行。'映霞说了后,又敲钉钻脚地补上一句:'我和孙在此处地生人疏,万一将来你们倒瞒着我们溜之大吉,那可不成!'她有点恢复平时开玩笑的口吻了。"

从这一段话,差不多可以看得出,在危难的时候,才十八岁的王映霞,是一个非常有条理,且很精明的姑娘。

有条理,是提醒孙百刚要再去张道尹的家里,确定一下,是四个人,不是原来的两个人了。这样大家到时候不用为难,不用争执。再则是,懂得用开玩笑的方式来捆绑孙百刚,这是天生的精明,不然的话,一个买不到票的小姑娘,一听孙百刚说可以跟着他们走,哪还顾得上问这问那,直接就高兴得欢天喜地回去收拾东西了。

然而,对话还没有结束。孙百刚的夫人掌华,见王映霞都说出你们不要偷偷溜走的话,就对王映霞说,你放心吧,我们一定和你们同走。

王映霞还是不放心,因为学校放了假,食堂便也停了,她们两个在学校里住,也是没有吃的,决定搬到孙百刚家里住。

意思是,在你们家里打地铺,你们想抛下我们不管,也是不可能的了。

孙百刚和夫人被王映霞的急切惹笑了,答应了她们搬来同住。

就这样,王映霞和孙百刚夫妇,算是共患难了一次。在孙家住了四五天,十二月中旬的时候,终于收到了道尹府里的来信,让他们上船。

从温州永嘉到海门要转乘去上海的船。然而这一程,王映霞与孙百刚的夫人吐得一塌糊涂。这样互相见证丑陋的友谊,让他们到了上海以后,更加亲密。

到了上海以后，孙百刚因为一家书局约他写一部书稿，所以，决定暂在上海居住。而同行的孙姐回了宁波。王映霞呢，给他的祖父王二南写了信之后，决定也在上海住下。

为了节约，王映霞提议可以租一套房合住。

就这样，王映霞和孙百刚夫妻便租住在了上海马浪路的尚贤坊中。

尚贤坊颇为热闹，邀请孙百刚来住的赵韵逸，他们一家和他的弟弟住在一个厢房里。他们住的厢房的前面，有一大开间前楼一直空着，所以，他邀请孙百刚去住。当时的赵韵逸在法学院当教授。他的后面的厢房里还住着李剑华夫妇，李太太是一个日本人。

住的人多，自然也会有亲戚来往。孙百刚的夫人和王映霞处得久了，把她当作自己的妹妹看待，一直想着给她找一个对象。

然而人来客往，孙百刚发现，大都是有家有口的人前来，未婚的倒是不多。

孙百刚因为要写东西，便找到了鲁迅常去的北四川路上的内山书店。有一次，他刚进书店，就听到一个非常熟悉的声音在和内山完造说日语，他立即判定，是郁达夫。

两个人坐在内山书店话了一会儿家常，各自通报了生活与近况之后，相约再见面。

然而，郁达夫自己也没有想到，一周后，他去孙百刚家里，例行问候,会遇到这个让他动心的姑娘。

一九二七年一月十四日,给王独清寄完了路费的郁达夫突然想到孙百刚,便折转到了尚贤坊。

孙百刚在介绍自己太太的时候,发现郁达夫盯着王映霞看,便向他介绍,这是从温州一道来的同事。为了让郁达夫体面一些,孙百刚说,她们都看过你的小说的,是你的崇拜者。

孙百刚的夫人接过话问郁达夫最近在写什么小说,我们都好久没有看到你的大作了。

郁达夫倒是谦虚,红着脸说,小说都是年轻时胡乱写的,现在没有心思写了。

然而,聊天的过程中,大概是说到了王映霞的家世,便提到了王二南,郁达夫便向王映霞说,王二南先生的诗,早些年,我一向是喜欢读的。

王映霞没有看出郁达夫是没话找话在向她攀谈,只好客气地说,爷爷年纪大了,近来也很少写诗。

然而,郁达夫竟然突然对着王映霞说了一句:"我觉得从前在什么地方见过王小姐似的,一时想不起来了。"说话时他额角上的青筋有些暴露。

这句在电视剧里常见到的台词,没有想到,早在一九二七年,郁达夫兄已经用过了。

在孙百刚的眼里,那天的郁达夫十分的兴奋。请孙百刚夫妻和王映霞吃饭，这件事情再平常不过，可是，郁达夫却非要虚荣地从外面叫了一辆汽车。这就有些不对劲儿，老同学见面，吃饭，有什么必要这样摆阔呢？

孙百刚是郁达夫和王映霞初次见面的见证人，在《郁达夫外传》里，他这样描述他当时的想法："在我的记忆里，我和达夫无论在东京，在杭州，和他一道玩、吃馆子，也有好多次，但达夫似乎未曾有过那天那样的兴奋、豪爽、起劲、周到。譬如说：他向来遇见陌生女人，常会露出局促不安的腼腆样子；可是今天掌华和映霞都是他第一次会面的女人，他却很是热络。再譬如：达夫向来用钱虽不吝啬，但总不肯做'洋盘'（上海方言，花冤枉钱的意思），特意要表示出他是非常精明的内行，不愿给人家刨去一点点的黄瓜皮（杭州方言，占便宜的意思）。如对黄包车夫还价，在未坐上车之前，一两个铜子他也要青筋绽起和车夫计较，宁愿拉到后面再加给他，而不愿被别人看作外行受欺。然而今天先是坐汽车到南京路'新雅'吃中饭，下午出来坐黄包车到'卡尔登'（现长江剧场）看电影，无一次不是他抢着付钱。坐上黄包车时，一络大派，不讲价钱。种种情形，在我看去，似乎都有点异常。那天电影片子并不好，我暗中在那里思索：和达夫分别不到两年，何以他竟变了样子，莫非在广州发点小财来了吗？决无此事。他不是一个能够发财的人，从他的谈话中知道，经济情形也不过尔尔。然则今天完全为了和老朋友重叙旧谊吗？这也有点儿过分了，然则为什

111

么呢？……"

孙百刚这一段话实在是有趣，他太熟悉日常生活中的郁达夫了，所以，他虽然一时之间还想不通郁达夫今天的突然大方是何缘由，但是，他觉得，人性的常识告诉他，一个平时节俭的人，突然大方起来，必然有妖。

那天他们看的电影也是巧合，正好是一个中年的富翁，突然爱上了一个年轻的，低一个辈分的美丽女孩，因此，这位富翁决定抛弃家庭、财产、妻儿以及地位和名声，和美丽的女郎私奔。这一下子点醒了孙百刚，他看了一下郁达夫，发现他的目光几乎都没有离开王映霞。

孙百刚便有些明白了。但是，他仍然觉得不可能。一则是郁达夫结婚了，再则是，达夫也明白，这王映霞是大家闺秀，是不可能和一个已婚的男人不清不楚的啊。

所以，他多少还是有些不理解郁达夫兴奋的逻辑。

吃了饭，看了电影以后。孙百刚觉得，郁达夫太大方了，他多少还是要表示一下，以答谢郁达夫的盛情，提议说，不如我们去逛一下南京路，然后到三马路的陶乐村吃晚饭，这晚饭由我来请。

哪知，孙百刚话音刚落，郁达夫一口应下，说，一起吃晚饭的提议太好了，但是，后半句我不同意。

他的兴致真高，意思是，晚饭他仍然做东。

孙百刚哪能真的让他接连请饭，便又严肃地重申了他的观点,说,如果你要再花钱,那我们就不去了,回家。今天多谢了。

郁达夫一看这局面,只好说,一切都听你的,只要今天的这个局不散。

就这样他们一起逛了南京路,吃了晚饭。

王映霞好奇地问郁达夫,郁先生你这是准备收集小说写作的材料吗?

郁达夫被逗笑了,笑得眼睛眯着,成了一条线,对王映霞说,王小姐是在挖苦我。

孙百刚在后面跟着,听到他们的聊天,连忙说,达夫如果都要像今天这样来收集小说材料,那他可是要亏本了。

那天的晚饭,郁达夫喝得半醉,坐在车上,所有人都沉默着,只有他一个人在说话。孙百刚在《郁达夫外传》里这样写郁达夫的醉酒的状态:"从'陶乐村'吃完出来,已经华灯灿烂,夜景正浓的时分了。达夫差不多六、七分酒意,坐上汽车只有他一个人东说西说,他忽而用日本话对我说:'老孙!近来我寂寞得和一个人在沙漠中行路一样,满目黄沙,风尘蔽日,前无去路,后失归程,只希望有一个奇迹来临,有一片绿洲出现。老孙!你看这奇迹会来临吗?绿洲会出现吗?请你告诉我!'"

孙百刚被郁达夫这突然的抒情式的问话搞得很是尴尬,他笑着说,你又在写小说了吗?

孙百刚在《郁达夫外传》里的记忆有误,他将郁达夫前面几天

113

连续到他家里的情形合并在一起写了。

郁达夫的日记,一月十四日中午请王映霞吃饭,"中午我请客,请她们痛饮了一场,我也醉了,醉了,啊啊,可爱的映霞,我在这里想她,不知她可能也在那里忆我?"

然而这一天的日记里,下午时,郁达夫又去找了徐志摩一趟,主要是徐志摩有人情关系,郁达夫求他帮助写一封信,好让上头不封创造社。

初见王映霞的第二天,也就是一九二七年一月十五日,午后郁达夫先是校对了一遍《洪水》杂志第二十五期,然后又去参加了邵洵美与盛佩玉的婚礼。这可是一对金童玉女。盛佩玉是盛宣怀的孙女,而邵洵美是邵友濂的孙子,同时也是盛宣怀的外孙。

郁达夫参加完婚礼之后,觉得爱情真让人着迷。晚上的时候,又去了孙百刚的住处。这一次,郁达夫先是请他们到了天韵楼游玩,结果人多,又去了四马路的豫丰泰酒馆痛饮。

郁达夫问到了王映霞的生日,一月十五日这天的农历是十二月十二,而王映霞过农历生日,正是十天后的廿二。郁达夫当场答应,在王映霞的生日那天,送她一瓶好酒。

在日记里,郁达夫这样写道:"今天是十二月十二,此后只有十日了,我希望廿二这一天,早一点到来。"

这日记写得像孩子一样,他恨不能将日历本上的日期撕掉,直接过渡到廿二那一天。

然而让郁达夫难过的是,就在这一天,他收到了北京孙荃的来信,让他要好好做人,不能再花天酒地下去了。

日记的最后一句是这样的:"王映霞女士,为我斟酒倒茶,我今晚真快乐极了。我只希望这一回的事情能够成功。"

而孙荃在书信里那一句劝慰,他只好夹在一本书里,藏起来了。

而孙百刚在《郁达夫外传》里,所写到的,晚饭的情形,极有可能就是第二天的事情。

一月十六日,郁达夫从一个美梦中醒来,在梦里,他隐约与王映霞交好。醒了以后回味昨天晚上与王映霞说过的话,仿佛有一句话是双关语,可以有两个理解。郁达夫自然是往好的地方理解。又加上,昨天晚上,王映霞给他倒茶很多次,极其殷勤。他心里有一种莫名的快活,总觉得,好像有一股力量在内心里正在生成,他在日记里写道:"我想这一回,若再把机会放过,即我此生就永远不再能尝到这一种滋味了,干下去,放出勇气来干下去吧!"

他懒在床上,听了一会儿下雪的声音,觉得这个世界刚刚被雪覆盖,一切都是纯洁的样子,就像他此刻想念王映霞的内心,安静、洁白。

他在内心里发誓要好好写小说,赚钱,给王映霞买礼物。还想,如果这一次,能赢得了王映霞的心,那么,他以后的写作,一定会做得更好。因为,他有了更大的动力。

这一天的日记,郁达夫是多么满足啊,他这样写:"啊,人生还是值得的,还是可以得到一点意义的。写小说,快写小说,写好一篇去换钱去,换了钱来为王女士买一点生辰的礼物。"

这是和王映霞相识的第三天,因为发誓要作一篇小说,这一天没有去见王映霞,一直写到了晚上的十二点,才将那篇《清冷的午后》写完。

在日记里,郁达夫说,这可能是他写得最坏的小说。然而,一切写作都是个人史,这篇小说里有一种忏悔的情绪,和他此时的心情也是有重合的。这篇《清冷的午后》所写的人物,仿佛就是他自己,一个有妻室的小老板,然而,又和情人勾搭着。直到情人出轨他人,他作为一个受害者,跳河自杀。怎么说呢,这部小说的主题,和他以往的认知,多少有些不同。他塑造了一个有耻辱感的男人。

差不多,这种情感的洁癖,郁达夫在之前,是没有的,不然的话,他也不会一次次地去妓院里寻欢,甚至对朋友的妻子十分感兴趣。所有这些,都是感情并不纯洁的表现。然而,这一篇小说里,仿佛有些情感乌托邦的意味。

一月十七日,相识的第四天,下午,洗完澡,买了两小瓶黄酒,到了周勤豪的家里,又让周家的佣人去喊王映霞来喝酒,一直喝到了晚上九点。醉了,送王映霞回家,又在孙百刚那里坐了一会儿,坐到了十点钟才离开。

一月十八日,相识的第五天,下午三四点钟的时候,又到了孙百刚家里,等着王映霞。恰好不在,便坐在那里等,可惜,王映霞醉了酒回来,没有与他说一句话。一天也没有与王映霞说话,他真是不甘心,晚上又到周勤豪家里蹭饭,啖毕已十点钟,他又到了尚贤坊,仿佛那双腿不是他的。可是,下午的时候,已经去过了,仿佛再去,没有理由。最重要的是,兜里的钱没有了,上去请饭喝酒,都是需要钱的啊。所以,郁达夫在尚贤坊门外面,思想了半天,来回踱步,终于,还是没有进去。

喜欢一个人,大概就像怀揣了一个秘密,总想与人分享一下。一月十九日,上午,郁达夫静不下心来看书,十点钟去找创造社的同事方光焘聊天,主要是赞美王映霞的美。说完了,就想拉着方光焘一起去看王映霞。然而,那天方光焘刚好有事,去不了尚贤坊。

还好,午饭后,遇到了来送校稿的蒋光慈。郁达夫又像从怀里掏出了一件宝物一样的,和蒋光慈聊了一会儿王映霞。聊完了,便带着蒋光慈去见王映霞。

郁达夫自作聪明,总觉得,自己老是一个人来找王映霞,怕是讨了她的厌,所以,变着理由,拉着蒋光慈来找王映霞。可是,他失了策,大概是有外人在场,王映霞对他反复的言语上的示好,并无反应。他觉得,自己仿佛遇到了一个并没有听到自己心跳的女人。他掩饰住自己的失意,对王映霞说,带蒋光慈来,是想给她看一下,她喜欢不,是为了将她介绍给蒋光慈的。

面对一个明明自己很喜欢的女人,却不甘心地把她介绍给别人,郁达夫的内心戏也是蛮多的。

他仿佛是要试探一下王映霞,看看她是不是会一见面就喜欢上蒋光慈。

然而,郁达夫又怕王映霞会当真,如果当了真,真的喜欢上蒋光慈,那自己岂不是天下第一大傻瓜。

晚饭后,又到了尚贤坊去,请孙百刚夫妇与王映霞一起去看电影,晚上十一点钟看完了,兴致未尽,又到了一家小酒馆喝酒。

那天晚上,回到住处,郁达夫给王映霞写了一封短信,犹豫着,要不要明天寄给她。

晚上的时候,月亮很大,睡不着,回想自己白天做的傻事,越想越觉得灰心,自己好像打错了主意。那天日记的结尾有些失意,他这样写:"我一个人在客楼上,终竟睡不着。看看千里的月华,想想人生不得意的琐事,又想到了王女士临去的那几眼回盼,心里只觉得如麻的紊乱,似火的中烧,啊啊,这一回的恋爱,又从此告终了,可怜我的孤冷的半生,可怜我不得志的一世。茫茫来日,大难正多,我老了,但我还不愿意就此而死。要活,要活,要活着奋斗,我且把我的爱情放大,变作了对世界,对人类的博爱吧!"

一月二十日,天气晴朗。上海大学的方光焘夫妇前来找他,郁达夫便和他们两夫妻一起到创造社去,一路上,都在说他对王映霞的感觉。他说得自己脸都红了，终于，他找到了第一次谈恋爱的感觉，心神恍惚。

午饭后，郁达夫和方光焘夫妇一起去看孙百刚，顺便看王映霞。可是，郁达夫听到了一个不好的消息，便是那王映霞最近要离开上海回杭州去。

还有五天，便是王映霞的生日了，她却要离开上海。所以，郁达夫觉得无比的难过。

他在日记里这样描述他的心情："三四点钟从她那里出来，心里真沉闷极了。想放声高哭，眼泪又只能从心坎儿上流，眼睛里却只好装着微笑。"

他去了创造社取钱，正遇到了徐志摩，聊了一会儿天，分开后，他一个人去旧书店买了几本书，不是为了看，而是想将这些书一本一本都撕碎，烧掉，以发泄心头的不快。

然而，想来想去，还是舍不得就此放弃王映霞，就又写了一封信给王映霞，想摸黑去邮局投递了。坐车到了街上，先吃饭，吃了饭，本来是要找邮局的，不知怎么的，他不听使唤的，又走到了尚贤坊。

敲开孙百刚家的门，原来孙百刚夫妻和友人们正喝酒聚会，而王映霞却没有在。郁达夫便问孙夫人，一转身，竟然瞅见王映霞在隔壁的被窝里躲着哭泣。起了好奇，问孙夫人，王女士怎么这样伤心？

孙夫人说:"因为她不愿意离我而去。"

郁达夫便到了里间,摸住了她的手,劝她不要哭,并说他是有办法哄她笑的。于是,就坐在她旁边给她写了一张字条。停了几分钟,王映霞果然转泣为笑。

这一下,郁达夫开心极了,他不但认为王映霞被他逗笑了,还隐约觉得,她可能不止是不舍得离开孙夫人,更可能是不舍得离开他。

只是因为王映霞的这破涕一笑,郁达夫早晨起来的那股郁闷,早已经消失不见。他开心地去大世界看了一场戏。

晚上在日记里又一次给自己鼓了劲,他是如此的坦诚可爱:"啊啊!我真快乐,我真希望这一回的恋爱能够成功,窗外北风很大,明天——否否——今天怕要下雪,我到了这三点多钟,还不能入睡。我只在幻想将来我与她的恋爱成就后的事情。老天爷呀老天爷,我情愿牺牲一切,但我不愿就此而失掉了我的王女士,失掉了我这可爱的王女士。努力努力,奋斗奋斗!我还是有希望的呀!"

就这样,做过北京大学和中山大学教授的郁达夫,知名作家,以及创造社的骨干,这是他的社会地位;他已婚,丧子才半年,还有一个原配的夫人需要安慰,这是他的感情现状;然而,现在,他将这些全都封闭在了他的内心之外,他满眼满脑满心想的,都是王映霞的一颦一笑。

他觉得,为了这个女人,写小说是有意义的,活着是值得的,而只要是能拥有她,生活也是有希望的。

如果这不是爱情,那么,我相信,全世界再也没有人敢提爱情这两个字了。

怨恨

爱情是干柴与烈火的关系,郁达夫这堆内心的火已经烧得很旺了,然而,王映霞那堆柴,还在犹豫中。

一月二十日晚上还在激动的郁达夫,一月二十一日这一天,被王映霞泼了一盆冷水。

这天一早,郁达夫便托朋友去请王映霞来,然而,却只得到王映霞写的一个纸片,"因病不能来,请原谅"。

郁达夫便一天魂不守舍,一直等到了下午六点左右,看到街上的路灯亮了,立即就往尚贤坊那里去找她。

结果,一进孙百刚的家,便发现,一群人都在他们家喝酒谈笑。他们仿佛就是在笑郁达夫,等到他们转身看到郁达夫的时候,笑的声浪更高了。还故意开郁达夫的玩笑,说,你是来找王小姐的吧,她啊,已经回杭州了。

郁达夫知道这一群人是在和他开玩笑,就坐在那里等着王映霞,等了两个小时。王映霞购物回来了,但进到了另外一个房间,从里面闩上了门,不让郁达夫进。

仿佛是有些故意和外面这群男人联合起来嘲笑郁达夫的,因为,孙百刚家里的这一群年轻人,将郁达夫写给王映霞的话说了出来。显然,王映霞告诉了他们。

郁达夫有些想不通,为什么要将自己写的悄悄话说给别人,他有些生气地去拍王映霞的门,然而,王映霞坚决不开。大概是想趁着这一次大家的起哄,逼退郁达夫的恋爱攻势。

郁达夫生气的是,拒绝可以,为什么要向外人公布他写给她的私房话,这已经有些故意要嘲讽他的真感情了。

所以那天晚上,郁达夫心里郁闷极了。从孙百刚家里出来以后,直接到大世界去听妓女唱戏。听到了凌晨一点钟,又去喝酒,喝到了三点钟,才回到住处,然而,睡不着,在室内来回走啊走,走到天明。

一月二十二日,天气极冷。郁达夫没有钱了,跑到高昌庙那里向一个叫胡春藻的朋友借了一笔钱。

这些日子,为了追王映霞,郁达夫一直在请他们吃饭,看电影,以及装扮自己,花费了不少钱。然而,结局却让他伤心。他在日记里写道:“这几日来,为她而花的钱,实在不少,今日袋里一个钱也没有,真觉得穷极了。匆匆说了几句话,就和厂长的胡君别去,坐在车上,尽是一阵阵的心酸,逼我堕泪。不得已又只好上周家去托周家的佣人,再上她那里去请她来谈话。她非但不来,连一个字条也不写一个。只说头痛,不能来。"

胡厂长便是胡春藻,而周家是上海艺术大学的校长周勤豪。

他有着如此好的朋友圈,却为一个十八岁的小丫头片子如此失魂落魄,也当真让他们的朋友"刮目"相嘲。

真无聊啊,便想去找徐志摩聊聊感情的事情,徐志摩刚刚经历过他经过的一切,自然是懂他的,然而,徐志摩却没有在。就只好找邵洵美聊了半天。

傍晚时回到创造社,却无心看稿件。晚饭之后,两只脚老想往尚贤坊的方向走,他强忍住了,在街上散步了很久,终于往住的地方走了。

回到家里,在悲伤中写日记,记录自己的情绪:"我与她的缘分,就尽于此了,但是回想起来,这一场的爱情,实在太无价值,实在太无生气。总之第一只能怪我自家不好,不该待女人待得太神圣,太高尚,做事不该做得这样光明磊落,因为中国的女性,是喜欢偷偷摸摸的。第二我又不得不怪那些围在她左右的人,他们实在太不了解我,太无同情心了。"

倒是有趣,一怪自己追求女人的方式不对,二怪孙百刚他们这一群人不懂得他这一次是真心的。不舍得怪罪他喜欢的人,足以说明,他认为自己喜欢的这个姑娘是值得的。

从一月二十一日开始,郁达夫已经连续失眠两夜。

一月二十三日一早,五点钟便醒了,他借着清晨的寒冷洗了一把脸,匆忙赶去火车站等王映霞。隐约中,他听到了王映霞今天要回杭州的消息。

这可真是恋爱中的男人,脑子里储存的信息只能和一个姓王的女人有关。尽管都已经决定放弃了,心灰了,意冷了,但是他做不到真放弃。

街灯灰暗,像极了他的心情。行人稀少,让他觉得无助。自上海往杭州的车是早班,然而,他等到了八点四十分,仍然没有见到她的影子。他买的车票是到龙华站的,想着,王映霞如果从南站坐汽车到龙华站这里,他仍然可以截到她。然而,到了龙华站以后,他找到了南站来的客车,车上没有她。他不甘心,怕只是一瞬间错过,于是反身又上了火车,结果,在车厢里来回没有找到王映霞。

查票的人来了,他只好补了一张票,到松江。

在松江站他下来了,吃了一点东西,又等了两个钟头。时间仿佛过得极快。去杭州的第二班车进了松江站,他想都没有想,便上了车。这一次,他决定买票到杭州。然而,在车上来回走了几趟,哪有王映霞的影子。

正值隆冬,车窗外满眼枯萎,车窗里全是军人,他自然也不喜欢他们。下午的五点钟,他到了杭州。在一家旅馆里住下来,等着王映霞来。

他查了一下列车时刻表，自上海来杭州的最后一班车，是晚上十二点到。于是，他又到了车站那里等。结果，可能是因为他在那里站的时间太久，引起了值班士兵的怀疑，对他又是一番审问，这加重了他的苦恼。

然而，深夜列车过站了，所有的人都出来了，王映霞像被孙百刚那几个人藏起了一样，消失在他们几个人的笑声里。

郁达夫在这样的心境下，去西湖走了一走。可能，从来没有人在这样悲伤的心境下游过西湖吧。

十几年以后，他的后辈，女作家张爱玲，曾经从上海坐火车到杭州，然后转车去温州找胡兰成，某一天晚上，坐船游过西湖，因为张爱玲当时满心的欢喜，所以还算欢喜。

一月二十四日，郁达夫想再等一天试试。因为早班车抵达杭州的时候是中午，所以，他先去了王映霞的母校，想打听到王映霞的家庭住址，然而，那个值班的学校办事员却不肯告诉他。

中午十二点钟，郁达夫赶到了杭州火车站，仍然没有看到王映霞。然而，他不敢走远，因为一小时以后，自上海来的还有一班快车。他有一种预感，可能王映霞就在这班快车上。在这一天的日记里，郁达夫这样记述他当时的情状："午后一点多钟，上海来的快车始到，我捏了一把汗，心里跳跃不住，尽是张大了眼，在看下车的人，有几个年轻的女人下车来，几乎被我错认了迎了上去，但是她仍复是没有来。"

生气自然是有的,转念一想,不如回到富阳那里看看,战争打得如何了。然而到了江边码头那里以后,发现,无船无车。

郁达夫回家无望,只好又回到了杭州火车站,坐等自上海来的第二班快车,心跳加速的情形又重演了一遍,然而,又是失望一场。

大概是为了让他更具体地感受悲伤,老天赏了他一场雪,他在大雪里站了两三个钟头,也没有等到王映霞,实在是想找一个地方大哭一场。

来看他的日记:"在雪里立了两三个钟头,我想哭,但又哭不出来。天色阴森的晚上,雪尽是一片一片的飞上我的衣襟来,还有寒风,在向我的脸颊上吹着,我没有法子,就只好一张车票,坐夜车到上海来了。午前一点钟,到上海的寓里,洗身更换衣服后,我就把被窝蒙上了头部,一个人哭了一个痛快。"

郁达夫的这场痛哭,其实是有人为的因素的。那便是孙百刚夫妇。

王映霞住在他们家里,孙百刚的妻子是把她当作妹妹来看的,自然会生出一种保护意识来。

郁达夫名气大,且写艳情小说著名于世,两夫妻有些紧张。所以,常劝郁达夫,不要老是来找王映霞。

郁达夫呢,便会找一些借口,比如,之前,拉了蒋光慈来,说是

127

要给王映霞介绍对象。

还有呢,给孙百刚送新出版的书。

再有,实在找不到理由了,郁达夫会念一句诗:"出门无知友,动即到君家。"

有一天,郁达夫用日语向孙百刚表达他的真情实感:"我自己也不知道是什么缘故,自从第一次看见她——你当然知道我指的是谁——之后,就神魂颠倒,无论怎样想抑制,也抑制不住自己的感情。眼睛一闭拢,睡梦中梦见的也是她,眼睛一睁开,作事也无心,吃饭没滋味,眼面前只见她的影子在摇晃。一出门,脚步不期然而然地到此地来了。一到此处,只要看到她,我的灵魂似乎找到了归宿处,像迷途的孩子重新来到母亲的怀抱一般。即使她不和我说话,也觉得精神上很安慰。如果她偶尔和我谈上几句,我全身的细胞神经,像经过熨斗烫过似的舒适服帖。……我明知道中年热恋的后果,常不佳妙,但教我如何办呢?"

郁达夫用日语将身边的孙百刚的妻子和王映霞隔开了,然而,他的表情,他想要哭出来的眼神,孙百刚的妻子差不多也能读懂了。

孙百刚自然早就看出了郁达夫对王映霞的心思,他试探着问郁达夫:"其实我们就看出你的变态了。也正在这里替你担忧着这事的前途。你到底是偶然一时的感情冲动呢,还是要作永久打算呢。倘若是一时冲动,我希望你立刻离开上海到北京去。"

孙百刚的说法是一种非常亲昵的关系才会说出口的话,因为他知道郁达夫新丧儿子,北京还有一个老婆在悲伤,你这个时候如果不是长久的感情,一时冲动的话,何必这样伤害一个姑娘呢,回北京一段时间,可能就自然度过了这样一段感情的冲动。

然而郁达夫却并不认同孙百刚对他的劝慰,他回答说:"我已经失去理智,哪里还分得出是一时冲动还是永久感情。我只知道她是我的生命,失去了她,就等于失去了我自己的生命。要我现在离开上海,那就意味着要我立刻毁灭我的生命。单刀直入一句话:请你太太替我问一问她的意思,到底如何?"

见他如此痴情,孙百刚知道自己再为难他,恐怕要得罪于他,于是,他和妻子商议后决定,以后将选择的权利交给王映霞。郁达夫再来家里找王映霞的时候,孙百刚和妻子都找借口避开,让他们单独相处。

持续了半个月左右,孙百刚让妻子掌华私下里问一下王映霞对于郁达夫的感觉。结果王映霞并不说话。

问得紧了,王映霞说一句,我看他可怜。

掌华将这话又说给了孙百刚听,孙百刚有了判断,他觉得,是时候找郁达夫摊牌说一说他和王映霞的事情了。

孙百刚在某个早晨到了宝山路的三德里创造社,郁达夫刚起床,正在刷牙。

郁达夫有些意外,说,你这样早。

孙百刚说，怕你有事外出。

郁达夫仿佛猜出了一点点孙百刚的心思，他知道，百刚从骨子里来说，是一个守旧的人，让他来帮着自己追求王映霞，是为难他了。

孙百刚坐定后，问郁达夫，这些日子下来，你和王映霞处得如何，能感觉到王映霞对你的态度了吗？

郁达夫以为他前几天托孙夫人问王映霞的意见，这次孙百刚带回来了，却并没有。来的，却是孙百刚一次掏心掏肺的劝告。

孙百刚大概也是想了很久，才对郁达夫说出这样一番并不中听的话的，他说："达夫！我今天特地来忠告你克服你近来的冲动的。你倘若要和映霞结合，必须先毁了到如今为止是宁静平安、快乐完美的家庭，这于你是大大的损失。感情是感情，理智是理智，我们差不多是快近中年的人了。写小说，不妨不顾一切，热情奔放。轮到现实的切身大事，总应当用理智衡量一番。同时，你也得替映霞设身处地想一想：以她的年龄、人品、家庭、学识，当然很容易找到一个比你更合适的对象。她何必要一个已经有了家，必须毁了家再和她结婚的男人？你倘若是爱她的，也应该顾全到她的前途和幸福，你以为对吗？再有一点：你和她年龄相差过大，贸然结合，一时即无问题，日久终有影响。我以清醒的旁观者的地位，对你忠告，希望你慎重考虑。我明知道你对她一见钟情，很难断念。但事关你的家庭、你的前途，做朋友的岂可知而不言，言

130

而不尽呢?"

郁达夫的脸色有些不好。孙百刚知道自己说得有些多了,论年龄,郁达夫比孙百刚还要长一些,他如此说话,尽管是出于朋友真心,还是让郁达夫有些难堪了。

然而,郁达夫还是没有走出对王映霞的牵挂,他停顿了一下,又追问孙百刚,是王女士明白地拒绝我了吗?

孙百刚纵然并不希望他们的关系能成功,但他也不能欺骗郁达夫说王映霞不喜欢他了。所以,他如实地告诉郁达夫:"映霞也没有拒绝,也没有同意。"

这次对话,郁达夫自然知道了孙百刚对于他和王映霞的关系的态度。所以,他恳求孙百刚不要阻挠他去追求王映霞。

孙百刚说,我当然不会从中阻拦。

郁达夫又进一步说,你们要是能帮助我就更好了。

孙百刚倒是诚实,说,恕我不能相助。

郁达夫说,我们这样的老朋友,你连这点情分都不给我吗?

孙百刚说,两边都是一样的情分。所以,我两边都不帮助。

孙百刚和郁达夫说到最后,有点话不投机的意味了。但是孙百刚还想再重复一下他一开始劝说的意思,他临走前,又劝郁达夫再冷静一下,希望不要孟浪行事。

郁达夫虽知孙百刚是好意,但是,他同时也知道,孙百刚是不可能理解他了,他对着孙百刚说了一句:"百刚! 这一次是我生命的冒险,同时也是生命的升华。我们再见吧!"

意思很明显:若你再说什么高明的劝慰,就是阻碍我生命的升华了。

孙百刚从郁达夫那里离开以后,回到家里也和王映霞有过一次深入的交流。怎么说呢,他也算是苦口婆心。他将对郁达夫说的那一段话,重新又组合了一下,对王映霞又说了一遍:"达夫是个已经有妻子、有儿女的中年人了。他对你的爱慕,虽则是出乎真情,然而多少总有点不健康、不正常的。你是否应当接受他的追求,你自己应当有自己的考虑。……我知道你所谓不会马马虎虎地答应他,无非要他和富阳的太太离婚。但我以为男女的结合,决不是如此简单的一个形式问题。人的感情是流动的。尤其是像达夫那样的罗曼谛克的文人,感情的流动性比任何人都大。再讲到人道,何必一定要牺牲那位无辜的富阳太太,而来建筑你们的将来呢? 就你而论,人品、家庭、年龄、学问,哪一样不及人家? 正可以从容不迫,任意选择,何必一定要找一个像达夫那样,必须毁一个家,再来重建一个家的男人呢? 我们的意思,希望你断然拒绝他的追求,一面解除了他的烦恼,一面成全了你自己的前程。你以为我说的话对吗?"

如果说劝郁达夫能冷静一些,那么劝王映霞的时候,孙百刚几乎用了道德绑架,意思是,你也要可怜一下那个无辜的郁达夫原配。

王映霞如果是那种傻白甜的女生,受了孙百刚与师母这么久的照顾,又听了这么诚挚的建议,一定会说,我要好好考虑的。然而,当初离开温州一起到上海来的时候,王映霞已经表现得非常独立。她可不是一个能被左右的女生,她的主见来源于她这两年的生活和见识。

所以,面对孙百刚以长辈身份来说教的这份拒绝郁达夫的建议,她这样说:"我怎么会愿意答应他呢? 不过我倘若断然拒绝他,结果非但不能解除他的烦恼,也许会招来意外。"

孙百刚看不能说服她,想要激将她一下,将最坏的结果展示给她看。于是对她说:"那么你已经动了怜才之意了。既然有如此伟大的精神,我希望你索性伟大到底,可以无条件地和他结合,不必一定要他毁灭已成的家庭。你能这样做吗?"

如果对方是一个单纯的从未有过世事经历的小女生,那么,孙百刚的这番话,几乎有侮辱人格的意味,然而,对于王映霞来说,这只是一种假设。

但她还是如实地回答了孙百刚:"这是万万得不到我家庭方面的同意的。"

正是这一次与王映霞的直白的对谈,让王映霞觉得,如果再在孙家住下去,郁达夫非得踏破这里不行。正好要回杭州一趟。所以,她决定先搬到她的浙江女师的同学陈锡贤那里。

所以说,郁达夫最后一次到孙百刚家里去的时候,是孙百刚几个人故意设计的小计谋,来气郁达夫的,先是诳骗郁达夫说王映霞一月二十三日回杭州。其实,那天,王映霞只是搬到了她的同学那里去了。

然后呢,孙百刚还派一个人到火车站跟着郁达夫,看他都做了什么事,好记下汇报给孙百刚,以便以后方便的时候,告诉郁达夫,用来嘲笑他。他们谁也猜不到郁达夫竟然如此痴情。一般人在火车站等不到要找的人,不都是回来的吗?哪知郁达夫买了一张车票到了杭州。

孙百刚这个时候,才知道,这次郁达夫不是头脑发热,而是动了真感情。

在《郁达夫外传》里,孙百刚写道:"有时故意让达夫知道某日某班车映霞将回杭州,预料达夫一定会买许多东西到车站去送行。我们派了人在车站等候达夫,要看他的窘态急相。不料来人报告说,达夫等不着映霞,竟买了车票上车去了。当年我们这样作弄达夫的原因,第一是我们似乎有一种预感,认为他俩结合,结果不会佳妙,确是希望他们不要成功;第二,完全出于青年人的好玩作耍心理,认为略寻开心,无伤大雅。后来回想,虽无什么恶意,但终究是缺德的。"

尽管多年以后,孙百刚在作品中承认了,是他们一起恶作剧来捉弄郁达夫的,可是,在历史的现场,郁达夫如此痴情地坐车去追逐王映霞,这样的事情传到了王映霞耳朵里,也是最为动人的行动情书吧。

将镜头切换到郁达夫的身上。

一月二十五日,早晨,八点便起了床。天气很好,并不冷。他心情很坏,到了创造社,遇到了叶灵凤,大骂了他一通。是的,他现在见人就想吵架,总要将这两天的郁闷发泄出去。"我把我对青年失望的伤心话都讲了。"

明明只是对一个叫王映霞的文艺女青年失望了,却骂了一个叫叶灵凤的同事,这也算是移花接木,借骂消愁吧。

傍晚的时候,著名的美女林徽因来找郁达夫。自然,又是一番倾诉。后来,林徽因陪着郁达夫到了孙百刚家门口,犹豫了良久,他还是没有进去,便和林徽因到周勤豪家里做客。然而,周氏夫妇去了南国剧社了。于是,他们又来到了南国社,喝酒、跳舞。

越是生活得热烈,内心却越是孤独。在当天的日记里,郁达夫写道:"喝了半夜的酒,看了半夜的舞。但心里终是郁郁不乐,想王女士想得我要死。"

南国社的酒局散了,郁达夫仍然觉得无聊,便拉了叶鼎洛和他一起去逛妓院。叶鼎洛是一个画家出身的小说家,比郁达夫小一岁。郁达夫小说《迷羊》出版时,封面及内文的插图都是找叶鼎洛画的。可谓关系密切。

那天晚上,两个人唱着歌在马路上打野鸡,结果,因为身上的酒气很大,街上站街的妓女们看到他们两个都吓得跑了。

如此张狂，自然引起了巡警的注意，然而，两个醉酒的人，根本不怕巡警。

深夜时，终于在法租界的地盘上找到一个中年女性的卖淫者，跟着她到了她的住处，无聊，大概是想找人说话，于是和那个中年妓女坐着说了一夜的话。

第二天一早，郁达夫又带着妓女一起去吃了粥，然后回到她的住处睡了一下。这是文人的无聊，哪怕是找个妓女，也喜欢一起聊聊人生之后，才睡觉。

可能是妓女颇能说话，郁达夫听了她的建议，睡完起来，又和那中年妓女一起去一个叫燕子窠的地方吃了鸦片烟。

这些举动，其实，都是一种堕落的自我反抗，所谓自我反抗，其实更多的是对自己的不满。

一月二十六日这天中午，他回到住处，收到了王映霞从嘉兴寄来的一封信，才知道，他之前守候在火车站的那两天是上当了，被孙百刚和他的小伙伴们给骗了。

于是，很恼怒，持信便到了孙百刚的家里，好说歹说，总算是要到了王映霞的地址。

半下午便又到了周勤豪的家里，自然又是一番倾诉。听得周太太替他颇惋惜，晚上在周家吃饭的时候，周太太想替他介绍一个她的好友，以安慰他的孤独。

可是郁达夫在日记里写道："但我总觉得忘不了王女士。"

一月二十八日,星期五,郁达夫在日记里这样写这一天的天气:"天气晴朗可爱,是一个南方最适意的冬天。"

从天气的描述中,便能看得出,他对这一天有期待,为什么呢,呵呵,因为昨天晚上他在周勤豪家吃饭的时候,周太太告诉他,她有一个朋友,是个寡女,新近孤单,模样好看,颇为适合郁达夫。

这天上午郁达夫写了一封信给王映霞。这也是《郁达夫全集》中,现存最早的一封信。

这封信里,郁达夫先是历数了认识王映霞之后,自己这半个月的心境,然后怕孙百刚在后面说他的坏话,所以在信里有这样一句:"你几时到上海来,千万请你先通知我,我一定到车站上去接你。有许多中伤我的话,大约你总不至于相信他们罢!"

孙百刚为了骗郁达夫停止对王映霞的疯狂追求,曾说过王映霞和他们共同认识的徐荇溪有了婚约,这一次回家,便是商量结婚的事。

所以郁达夫写信恳求王映霞不要嫁给徐荇溪,他的信是这样写的:"听说你对荇溪君的婚约将成,我也不愿意打散这件喜事,可是王女士,人生只有一次的婚姻,结婚与情爱,有微妙的关系,你但须想想你当结婚年余之后,就不得不日日做家庭的主妇,或抱了小孩,袒胸哺乳等情形,我想你必能决定你现在所应走的路。你情愿做一个家庭的奴隶吗?你还是情愿做一个女王?你的生活,尽可以独立,你的自由,决不应该就这样的轻轻抛去。我对你的要求,希望你给我一个'是'或'否'的回答。我在这里等你的回信。"

在这封信里,郁达夫的态度是很无助的,他几乎放弃了"王映霞是我的女人"的想法,他多少有些自相矛盾,一边劝说王映霞不要结婚做家庭主妇,一边自己又有一个尴尬的身份。

他是不能自圆其说的,所以,只能用自由和女王这样的词语,来表达他对王映霞的许诺,抬高王映霞和他相爱以后的位置。

然而他知道,一旦那个婚约是真的,他估计自己在王映霞的人生里就没有戏份了。所以,他有些失意。还好,他的人生并非只有一个孤独的选项,这一天,他喜欢的周太太,又给他送来一个女性明媚的笑脸。

这天晚饭后,郁达夫又到了周家。周太太给郁达夫介绍的女士便是徐之音,她的老公是画家陈晓江,但已经逝世。徐之音的味道与王映霞自然不同,王映霞对郁达夫来说,是一种可以探索的未知,而徐之音呢,可能是一种知音的守护。所以这一天晚上,郁达夫和初见王映霞一样,请了徐之音和周勤豪夫妇到四马路的一家酒店去吃了排骨和鸡骨酱。在周家聊天很久,直接借宿在了周家。

民国时的人,比当下的仿佛更注重交际。像郁达夫动不动就到周家吃饭、睡觉,如在自己家里一样。这样的友情,放在中国当下,只有在未成年时期才会发生。

郁达夫对徐之音颇为喜欢,在日记里,他是这样写的:"陈太太实在可爱之至,比较起来,当然比王女士强得多,但是,但是,一边究竟是寡妇,一边究竟还是未婚的青年女子。"

他颇矛盾。

隔了一天,一月三十日。上午想到北京的孙荃和儿女,有些惭愧。目前,不但王映霞没有解决,又多出一个徐之音。

所以,他觉得他的人生,真是矛盾极了。他在日记里写道:不知道自己哪一天能解脱,做一个超人。

但是,看一下他日记里接下来的内容,便可以断定,他这一辈子,恐怕做超人的机会不多了。因为下午的时候,收到了王映霞的回信。他便又激动地燃起了希望之火。日记里他这样写他的急切:"回来已经快六点钟了,接到了一封杭州王女士的来信。她信上说,是阴历十二月廿二日的早晨去杭州的,可惜我那一天没有上北火车站去等候。然而,我和她的关系,怕还是未断,打算于阴历正月初二三,再到杭州去访她去。写了一封快信,去问她的可否,大约回信,廿九的中午总可以来,我索性于正月初一去杭州也好。"

郁达夫是民国最为复杂的一个感情标本,他的内心里装着颇多的东西,然而,却并没有疯掉。他的心里有尘世,比如,看到别人家准备年货,也会想到北京的家人,在日记里写道:"我见了他们桌上的猪头三牲及檀香红烛之类,不由得伤心入骨,想回家去。啊啊,这飘泊的生涯,究竟要到何时方止呢?回家来又吃酒面,到十一点钟,听见窗外放爆竹的声音,远近齐鸣,怀乡病又忽然加重了。"

然而呢,内心里又装着王映霞,恨不能大年初一立即买火车票到她的面前去。

一月的最后一天,三十一日,是这一年的农历的二十八,马上春节。他给王映霞又写了一封情意绵绵的信,因为觉得昨天的快信,纸短情长,没有说完。他伤风感冒了,所以,病体写相思,更深情。在信里他想去杭州养病,告诉王映霞,他平时都住在西湖饭店,这一次可以住在城站,因为那里离王映霞近一些。

这封信里,他还用英文写了两句话,是为了隔离王映霞的母亲及其他亲人,那两句英文,王映霞自是懂的,大概的意思是:我认为你应当已经了解我了,你应当已经了解。

二月一日这天,郁达夫在一个高档的涉外宾馆开了一个房间。结果这一天,周勤豪夫妇,徐之音三姐妹,以及好友华林,都来到这间客房里来洗澡了,导致服务员很有意见。

郁达夫白天的时候,看到了刚刚出浴的徐之音的模样,可能更加让人怜爱,所以,晚上的时候,对她又有了性幻想。

在日记里,他这样写:"夜深一个人睡在床上,默想徐之音的动作,行为,很想马上带她出国去,上巴黎或者南欧威尼斯,弗罗伦萨去度异国之春,但是钱总来不转,惰性又太重,终只是一场空想罢了。"

关于徐之音,二月二日这一天,她代替郁达夫打了几圈麻将,赢了一些钱,对着郁达夫"嫣然一笑"。因为打牌太晚,郁达夫也留宿在了周家。

二月三日这一天,大雨,又遇到地震,周太太和徐之音都吓坏了。但是这一天,郁达夫觉得徐之音的"一举一动,仿佛都含有什么意思似的"。

二月五日这一天,文学青年楼适夷来请他看电影,因为聊天过多错过了一场,便在电影院旁边喝茶,而后,看完电影,楼适夷又请他吃了饭。

晚上回到住处,发现,电线又断了,便点了蜡烛,抽着烟,想心事。在日记里,他这样写他的逃避的想法:"想想人生的变化,真想出家遗世,去做一个完全无系累,无责任的流人,假使我对王女士的恋爱,能够成功,我想今后的苦痛,恐怕还要加剧,因为我与她二人,都是受了运命的播弄的人,行动都不能自由。"

这一天,他收到了北京孙荃的信,但没有心思回复,还收到了张资平和王独清的信,也没有心情回。

上床睡觉,却又难以入眠,在心里默默地怨恨着王映霞:"薄情的王女士,尤其使我气闷。她真是一个无情者,我真错爱了她了。"

二月七日这一天，晴爽，仿佛是一个好日子。然而，孤独仍然跟着他。半下午的时候，一个人去看电影，竟然在电影院里睡了一觉，从电影院里出来，一个人去吃饭，竟然又觉得这半个月的付出，成为内心里的一个洞。一想起来，便有一种下坠的失落感。

不过，他在餐厅里的时候，也仔细对比了目前生活中喜欢的两个女人，周勤豪太太给他介绍的徐之音，以及一见钟情的王映霞。

郁达夫非常清楚，徐之音虽然为人舒适，然而，作为一个女性，她还没有觉醒。如果一个女子有两次青春，那么，徐之音在第一期里，糊里糊涂地就结了婚，生了孩子，不久呢，遇到了悲伤事，自己的男人死了。现在的徐之音，到了她的第二次青春，郁达夫知道，她不会再有机会觉醒了。在日记里，郁达夫写道："我所要求的东西，她终究不能给我。啊啊，回想起来，可恨的，还是那一位王女士，我的明白的表示，她的承受下去的回答，差不多已经可以成立了。谁知到了这为山九仞，功亏一篑的时候，她又会给我一个打击的呢？"

每每在被外面的世界抛弃的时候，郁达夫这个时候，才会想起北京的孙荃。他觉得自己真是一个混蛋啊，对不起孙荃。北京的龙儿和熊儿，一个月了，他没有时间想他们。而且，孙荃的信就在桌子上，他也还没有回复。在那天的日记里，他又开始他最为擅长的忏悔："啊啊，到头来，终究只好回到自家的破烂的老巢里去。这时候荃君若在上海，我想跑过去寻她出来，紧紧地抱着痛哭一阵。我要向她忏悔，我要求她饶赦，我要她能够接受我这一刻时候的我的纯洁的真情。"

好可惜，这纯洁的真情，保质期太短，有时候，一个晚上便烟消云散了。

这一天在日记里除了向孙荃忏悔之外，还发誓说以后好好干工作来代替喝酒和想念女人。

说完后的第二天，便到了妓院里，找了一个老妓一起喝酒，并一起去吸了鸦片。

二月九日傍晚时分，一回到住处便收到了王映霞的回信，他满是期待地打开信，满是悲伤地合上了。竟然是一封责怪他的信，说他这次想要去杭州的动机是不应该有的，大概的意思是说，我们的关系还没有到那一个地步。

郁达夫难过极了，在日记里这样生气："我马上写了一封回信，述说了一遍我的失望和悲哀，也和她长别了，并告诉她想去法国的巴黎，葬送我这断肠的身世。啊啊，女人终究是下等动物，她们只晓得要金钱，要虚空的荣誉，我以后想和异性断绝交际了。巴黎去，到巴黎去吧！"

日记里如此决绝地发誓不再理会王映霞，书信里却百般地讨好，希望能继续来往下去。二月十日的信里郁达夫这样向王映霞表白："中国人不晓得人生的真趣，所以大家以为像我这样的人，就没有写信给你的资格。其实我的地位，我的家庭，和我的事业，在我眼里，便半分钱也不值。假如你能理解我，接受我，则我现在就是生命也可以牺牲，还要说什么地位，什么家庭？现在我已经知道了，知道你的真意了。人生无不散的筵席，我且留此一粒苦种，聊作他年的回忆吧！你大约不晓得我这几礼拜来的苦闷。我现在正在准备，准备到法国去度我的残生。王女士，我们以后，不晓得还有见面的机会没有？"在这封信的下面，郁达夫又补充了一句："你说我这一回去杭州的动机是不应该，我真失望极了，伤心极了。"

十日的信发出了以后，午后细想了一下，觉得情绪是不是太浓了一些，而且为什么要说得那么绝对，同意分开呢？

所以，又写了一封信，解释了一下，为什么当初在书信里说要去，最后没有去杭州看她。因为一直没有收到她的信。

又想到之前孙百刚他们一直在说一些他的坏话，所以，向王映霞表达，人与人之间为什么不能相互理解。

最重要的一点是，他解释他的身体的病，是没有问题的，问王映霞，难道是担心他的病吗？

最重要的一条表白是用英语说的，大意是，他在这世上活了三十年，第一次产生只想和一个人一起在爱情的河里同船共渡，可是，竟然遭遇到了拒绝，所以，觉得王映霞真是狠心。

二月十一日,创造社的事情越来越多了。

而这一天晚上,他接到了王映霞的回信,是明确地拒绝了。这一下,仿佛他之前信里所使用的所有的誓言都成了他更加孤独和无助的证据。所以,他又在日记里哭了。

甚至还计划在晚上的时候大醉一场,从此告别烟酒和女人。

然而喝醉了酒的人,更加脆弱。所以,半夜回来,又哭着给王映霞写了一封信。在日记里他又一次怨恨王映霞:"我不知道这一回究竟犯了什么病,对于她会这样的依依难舍,我真下泪了,哭了,哭了一个痛快。我希望她明天再有信来,后天再有信来。我还是在梦想着我和她两人恋爱的成功!"

爱一个人,可能就一定会成为郁达夫吧,不论在日记里发过多少回誓,但是,只要对方有一句话过来,便会立即忘掉对她的怨恨。

至少在读郁达夫的日记的时候,觉得他是一个内心非常丰富的人,他不但可以爱孙荃,爱徐之音,爱王映霞,而且,他配得上她们中的任何一个人。任何一个时代,都有它的局限。所以,一个有爱的郁达夫,注定会被同时代的人,包括今天的人诟病,认为他违背了一定的道德。而对于一个爱着的人来说,最无能为力的,不是别人的标准,而是自己的心。

恋火

一九二七年二月十二日,郁达夫收到两封信,一封是郭沫若的,劈头盖脑地,说他在《洪水》上发表的《广州事情》倾向太坏了。郁达夫自然是不服气的,在日记里嘲讽郭沫若:"我怕他要为右派所笼络了,将来我们两人或要分道而驰的。"

一封信是王映霞来的。然而,她的信,既不对他热烈的恋爱之火进行回应,也不说她自己真实的想法。在日记里郁达夫这样表达他的郁闷:"我真不明了她的真相。她说的话,很是冠冕堂皇,然而一点儿内容也没有。我想结果,终究是因为我和她的年龄相差太远,这一次的恋爱,大约是不会成立的。"

昨天还在日记里希望两个人能够继续交往下去,今天却不知道怎么了,日记里的话都是泄气的。这一天日记的结束,也是在酒醉中写下的:"想想我这一次和王女士的事情,真想放声高哭,我这一次又做了一次小丑,王女士的这样的吞吞吐吐,实在使人家一点儿也摸不着头脑,你说教人要不要气死呢!唉,可怜我一生孤冷,大约到死的那日止,当不能够和一位女人亲近,我只怨我的运命,我以后想不再作人家的笑柄。"

这样的反思,仿佛带着不少冷静。

反思过后,却又去寻身体的刺激。二月十三日,吃完邵洵美家的满月酒,又去烟花柳巷去找烟馆吸了鸦片。

二月十五日,收到了周作人的一封信,是赞美他的新小说《过去》的,说他作品的风格变了,又说他描写女性有独到的地方。郁达夫在日记里很是享受这样的赞美,谦虚地写道:"我真觉得汗颜,以后要努力一点,使他的赞词能够不至落空。"

这一天还同时收到了孙荃的家信和王映霞的来信。两封信同时到来,像是对郁达夫的一种叫醒。是啊,别忘记你还有一个北京的家。

孙荃的信,让郁达夫觉得感动,同时又觉得难过痛苦,因为他的心根本就没有在她身上,而她却对自己这么好。王映霞的信呢,让他有一种轻飘飘的痛苦,这痛苦与想念孙荃时的痛苦完全不同。如果说对于孙荃的无辜和善良的歉意让他感觉痛苦,这样的痛苦更像是对他的人性的一种注解,这样的痛苦说明他是一个完整的人,而不是一个无耻的麻木的人;而对于王映霞的思念却得不到回应的痛苦,是一种欲望的苦痛,是更接近内心得不到承认的痛苦,这样的痛苦,如果注定找不到解药,那么,这样的痛苦便是百分之一百的痛苦。然而,王映霞二月十五日的这封来信,仿佛是在有意减轻他的痛苦。

王映霞的这封信是基于郁达夫连续三封信的要死要活的求爱。她终于不忍心,一个在上海滩那么有名气的作家,匍匐在地上,在书信里哭着叫自己的名字。作为一个年龄刚刚好的又有那么一点喜欢文学的女青年,要说一点点也没有心动,恐怕也不符合人性吧。

王映霞对郁达夫说,她受过了好几次爱情的骗,所以现在的意志有些坚强了。她的书信里的字面意思,暗示着郁达夫,想要恋爱,总要拿出一些诚意来。

于是郁达夫"马上写了一封回信去给她,告诉她以我对她的衷情",这是他日记里的原话。

这是一封略有些吹牛的信,可能恋爱中的男人,大都有夸耀自己的冲动,就连性格那么内向的沈从文,在给张兆和的情书里,也会吹牛说自己的作品比同时代的作家要流传得久一些。

郁达夫在这封信里,首先关心王映霞接下来的工作怎么办,并向他夸耀,他在上海有很多的关系,可以帮助王映霞安排一份舒适的工作。甚至,还问王映霞愿不愿再念大学,他在东南大学、北京大学和武昌大学,都有些关系。"费用一切,你可以不管的。"

这一点郁达夫倒是没有吹牛,如果王映霞想要上大学,那么,他天天去蹭饭吃的周勤豪就是上海艺术大学的校长,当然了,郭沫若在中山大学的关系也还可以,尽管在日记里刚刚骂过了郭沫若,不过为了王映霞的事情,再写信求和,也是容易的事情。

在信里,郁达夫给王映霞画了一张大饼,那便是想要带着她出国去。信是这样写的:"今年暑假后,我无论如何,总想出国去,当然想和你同去。现在就想努力做几部书出来卖,能够得到三千块钱,两人的费用就够了。已经有一家书店,答应我于暑假前送两千块的版税给我,只教我能够给他一篇十万字的长篇。我想在三四个月里,做一二十万字是不成问题的,所以对于这一次的渡欧计划,也抱着乐观,可是可是,还有一个条件,就是非要得到像你这样的一位好友,常常激刺我不行。我之所以想到杭州来的原因,一半就是为想得一点激刺,一半也想得到一点真实的感受,就是可以把空洞的感受表达出来。我对你完全是一种纯而又纯粹的、强烈而永恒的爱,决不是一时的冲动。这一点请你信用我,我是不撒谎的。"

在这封信里,他还坦白地告诉了王映霞,他又专门去孙百刚家里一趟,知会了孙百刚,王映霞已经明确地拒绝了他。这样,好让孙百刚他们再一次嘲笑他的痴情。不过,在书信里自我嘲讽,往往是得分项。

一九二七年二月十七日,傍晚时下了雨,郁达夫在孤灯下想念北京的儿女,以及杭州的王映霞。他最近老是咳嗽,觉得身体健壮的可能性不大了,所以,想在死前好好尝一下恋爱的滋味。

十九日,老朋友周勤豪家里出了事,原来,是周勤豪因为欠了房租而被告了。这让周太太十分着急。又碰巧上海的街上出现了军人到处抓人杀人的情形。郁达夫为了安慰周太太,连续几天都在周家住。

到了二月二十四日的时候,周太太求郁达夫能帮她借到三百元钱,供她急用。

郁达夫的经济也是紧张,第二天的时候,他弄来了两百块钱,给了徐之音,让她转交给周太太。

二月二十五日对于郁达夫来说,也是一个欢喜的日子。他收到了王映霞的一封短信,约他到尚贤坊孙百刚家里见面。自从他对王映霞动情以后,这是王映霞第一次主动约他见面。他的内心里堆积着一座大山那么大的欢喜。

他坐在王映霞面前的时候,又开心又难过,只看着她,一下午都没有说话,只看着她。

然后,王映霞又给了他一个通信地址,让他写信给她。

在日记里郁达夫高兴得开始担心,他这样写:"啊啊,人生本来是一场梦,而我这一次的事情更是梦中之梦,这梦的结果,不晓得究竟是怎样,我怕我的运命,终要来咒诅我,嫉妒我,不能使我有圆满的结果。"

心情好了以后的郁达夫开始关心他人,比如,他想到了他的一个得意的弟子,叫作王以仁,是一个模仿他的风格写小说的人,去年夏天,因为一场失恋,而从此失踪,所以,他想写一篇《探听王以仁的消息》的文章,想找找他。

二月二十六日下午,郁达夫又到了孙百刚家里,百刚的夫人拉住了郁达夫,将王映霞的一些不便表达的想法,都一股脑儿地说给了郁达夫听。郁达夫当天住在了孙百刚的家里,就睡在王映霞睡过的那张床上。

从孙百刚家里离开以后,郁达夫总觉得百刚夫人的话里有一些让他难过的东西。在日记里他这样写他的心思:"想来想去,终觉得我这一回的爱情是不纯洁的。被映霞一逼,我的抛妻离子,抛离社会的心思,倒动摇起来了。"

他的意思是,我本来的生活便是抛妻离子的,然而,现在为了和映霞在一起,真的要彻底和孙荃断绝,他又有些动摇。

这一天,郁达夫读了日本作家谷崎精二的小说《恋火》,作者是谷崎润一郎的弟弟。这篇小说所描述的对象是一个已婚男人木暮者,与一个叫荣子的姑娘恋爱的故事。然而,已婚男人还有些不舍得他的妻子,便夹在两个女人中间痛苦着。郁达夫觉得,这小说里的人物就是他。他正在被一把恋爱的火给炙烤着。

在二十七日这天的日记里,郁达夫将这样的矛盾写了出来:"我时时刻刻忘不了映霞,也时时刻刻忘不了北京的儿女。一想起荃君的那种孤独怀远的悲哀，我就要流眼泪，但映霞的丰肥的体质和澄美的瞳神，又一步也不离的在追迫我。向晚的时候，坐电车回来，过天后宫桥的一刹那，我竟忍不住哭起来了。啊啊，这可咒诅的命运，这不可解的人生，我只愿意早一天死。"

二月的二十八日，二月的最后一天，是郁达夫最为开心的一天。因为王映霞又约了他在孙百刚家里见面。一直到了中午十二点钟，才等到她。郁达夫便和王映霞到了附近的江南大旅社开了一个房间密谈。郁达夫又说了他在上海的工作、写作计划，以及对她的态度和设想。在日记里他这样写道："室内温暖得很，窗外面浮云四蔽，时有淡淡的阳光，射进窗来。我和她靠坐在安乐椅上，静静的说话，我以我的全人格保障她，我想为她寻一个学校，我更想她和我一道上欧洲去。"

晚饭的时候，郁达夫和王映霞又约了孙百刚夫妻两个，四人一起到了四马路去吃饭喝酒，饭后又到了西餐厅去吃茶点。一直到了八点钟，孙百刚夫妻回家，郁达夫不舍得王映霞和他们离开，又求着王映霞到了旅馆里，他很想亲王映霞一下，但是，又怕太冒险了。所以，忍住了。到了九点钟，送王映霞的时候，只是轻轻地握了一下王映霞的手，觉得她的手真是温润柔软啊。在日记里，郁达夫后悔未亲她，写道："我和她别后，一个人在路上很觉得后悔，悔我在旅馆的时候，不大胆一些，否则我和她的初吻已经可以封上她的嘴了。"

最好笑的要数他在大街上看到妓女时的心情了。若是没有王映霞答应他的恋爱时，郁达夫觉得这满大街的妓女，都是他孤独的一个选择。而现在，在路灯下的霞飞路走了一趟，满心的欢喜，有一种胜利者的快感，成功者的快感，这感觉是他人生中第一次拥有。所以，显得格外的珍贵。在路上看到了那些站街的妓女，对她们的好奇心也完全没有了。在日记里，郁达夫这样写："啊，映霞！你真是我的贝亚特丽丝，我的丑恶耽溺的心思，完全被你净化了。"贝亚特丽丝，是诗人但丁的意中人。

忧伤让人难以入眠，欢喜也是。郁达夫坐在旅馆里王映霞坐过的安乐椅上，闻着她似有似无的气息，觉得人生真是快活。

天一亮便起来去找王映霞说话。到了孙家，发现王映霞刚起床，穿一身居家的短棉袄，头发蓬松着，郁达夫觉得真有收获，原来映霞早晨起来也是这样的美。

聊了几句，想让王映霞陪他出来逛，然而，孙百刚的夫人因为痛经躺在床上，颇为痛苦，王映霞给郁达夫使了一个眼色，他只好一个人离开孙家。

午后的时候又坐电车到了尚贤坊，孙夫人的脸色好了许多。然而，孙家里来了一位天津的友人，在银行工作，就坐在王映霞的对面，与王映霞有说有笑的。郁达夫立即生出了一股莫名的嫉妒。在孙家又坐了一两个小时，王映霞仍然不能和他出来，他昨天还欢喜十分的心情，今天突然变得暗淡了。

恋爱原来是如此让人心焦。吃了晚饭以后,郁达夫又想去看王映霞,但怕被孙家夫妻笑话,不能一天去三次。于是坐在桌子前给王映霞写了一封信。

信的开头便是撒娇式的语言:"映霞:我真快要死了,一离开你,就觉得同失去了脑袋似的,神志总是不清。今朝从孙家出来,因为你离不开孙太太的原因,我的失望,达到了极点。不得已只好跑上周家去坐着,因为孙家寓楼上的空气,实在压迫我得厉害,我坐在那里,胸中就莫名其妙的会感到一种不自由。周氏夫妇要我和他们去算命,我就跟他们去。瞎子先生说了许多吉利的话,果然他算出了我现在正在计划的事情。有许许多多的话,我很想告诉你知道,可是午后跑上孙家去,又遇见了那位不相识的银行员。并且在孙氏夫妇的面前,我总觉得有话说不出来。映霞,这一封信,不晓得你能不能够接到?不晓得你什么时候能够回到坤范女学去。我想约你于礼拜五(阳历三月四日阴历二月初一)午后两点正,在大马路先施公司的门前(候电车的那一扇门前)相会。大约我总于两点前几分钟去等着,你一来,定能看见,不管天雨天晴,我是一定去的。"

郁达夫约王映霞这一天见面,心里是想将恋爱的关系尽快地确定下来,如果失败的话,他也想早一点失败,省得这样的煎熬,让他痛苦。在日记里,他写道:"啊啊,恋爱的痛苦,我今天才知道你的厉害。"

信写完了,却仍然忍不住,第二天又去坤范女中找王映霞。找到了王映霞的同学陈锡贤,结果陈锡贤告诉他说,王映霞去她姐姐家里了。

没有地方去,便到周家,周家只有徐之音在,两个人聊天,徐之音向郁达夫诉了一通苦,还哭了一阵子。如果没有王映霞,那么,郁达夫不舍得让徐之音这样在他面前哭泣的,可是现在,他满脑子里想的都是王映霞。所以,只能安慰一下徐之音。

这一天晚上,郁达夫开始在法科大上课,教德文。他的学生很喜欢他。

三月三日的郁达夫有些激动,想着明天就可以和王映霞谈妥恋爱关系,他甚至还想着先到旅馆订好一个大房间。

三月四日,是他的大日子。午饭后,郁达夫一点半钟便到了先施公司的门口,还在旁边的东亚酒店开了一个房间。可是,等了王映霞两个小时,也没有见到她的影子。他有些恼火,又跑到了坤范女中去找她,也没有找到。

晚上的时候,郁达夫气愤至极,写了一封很长的绝交信给王映霞。

如果恋爱必然要将一把内心的火点燃了,直到将自己烧成灰烬,那么,郁达夫在一九二七年三月四日的这封信里,便将自己彻底烧毁了,成为一把伤心的尘灰。

信的开始,是郁达夫用手术刀将自己的内心剖开了,给王映霞看:"两月以来,我把什么都忘掉。为了你我情愿把家庭,名誉,地位,甚而至于生命,也可以丢弃,我的爱你,总算是切而且挚了。我几次对你说,我从没有这样的爱过人,我的爱是无条件的,是可以牺牲一切的,是如猛火电光,非烧尽社会,烧尽己身不可的。内心既感到了这样热烈的爱,你试想想看外面可不可以和你同路人一样,长不相见的? 因此,我几次的要求你,要求你不要疑我的卑污,不要远避开我,不要于见我的时候要拉一个第三者在内。好容易你答应了我一次,前礼拜日,总算和你谈了半天。第二天一早起来,我又觉得非见你不可,所以又匆匆的跑上尚贤坊去。谁知事不凑巧,却遇到了孙夫人的骤病,和一位不相识的生客的到来,所以那一天我终于很懊恼地走了。"

郁达夫在书信里理解王映霞的担心,因为王映霞是未婚的女生,而郁达夫呢,是一个已婚的人,如果老是见面,还约在酒店里,会有闲话传出来。至少,对于王映霞来说,在名誉上是不好的。

郁达夫还在信里向王映霞细细地描述了他和孙荃的婚姻,因为是为了讨王映霞的喜欢,所以,在这封信里,他涉嫌对自己的婚姻有所诋毁。他说,他和孙荃的婚姻是他三岁的时候,就订下了的。事实上,显然并不是。当然,他的描述,因为只在信里,只给王映霞一个人看,所以,这样夸张地讲自己婚姻的不幸,这大概是很多男人的惯常做法。

他说他的婚姻是完全由父母做主定的。后来他长大了以后,有了知识,觉得他和孙荃两个人中间不可能有爱情,所以,几次想离婚。但是每一次都受到了家庭的责备。这一点倒是有可能的,因为订婚以后,他在书信里是想过取消婚约的。

他说他长年避居在日本,不愿意回国,就是为了逃避这一段婚姻,这显然也并不属实,因为,他的学业还没有完成。而且,他结婚以后又去日本,也是为了完成学业。

郁达夫又说他和孙荃的婚礼,当他被家人抓住,逃无可逃必须要结婚的时候,他提出了一个恶毒的法子来刁难女方,这个倒是真实的,就是不举行婚礼的仪式,不用花轿,他当初的确可能想用这样的方法让孙荃的家里悔婚,然而,却并没有奏效。

他在书信里对王映霞说,当他的七十二变都变完了的时候,没有办法,只能和孙荃结婚,可是,结婚后,两个人在一起的时间加在一起也不到半年。“因为我对我的女人,终是没有热烈的爱情的,所以长年的飘流在外,很久很久不见面,我也觉得一点儿也没有什么。”

郁达夫对比了王映霞和孙荃。他说,对于孙荃,我总是很久很久不见面,也不觉得有什么要紧。而对于你,一天不见,我都觉得心里面有好多好多话都要过保质期了。

所以,他觉得,这样一种一天不见都想念的感情,才是真正的爱情。

郁达夫在三月四日这天一早,接到了一封王映霞的短信,意思是:我们两人在这一个期间内,还是少见面的好。

郁达夫开始反思了,他在信里是这样理解的:"从我这自己的经验推想起来,我今天才得到了一个确实的结论,就是现在你对我所感到的情爱,等于我对于我自己的女人所感到的情爱一样。由你看起来,和我长年不见,也是没有什么的。既然是如此,那么映霞,我真真对你不起了,因为我爱你的热度愈高,使你所受的困惑也愈甚,而我现在爱你的热度,已经超过了沸点,那么你现在所受的痛苦,也一定是达到了极点了。"

郁达夫想对王映霞表达的是,他现在也能想明白了,如果他对王映霞的爱,王映霞不能感觉到幸福,甚至还感觉到痛苦,那么,这一份爱情是不完整的,也是不公平的。所以,他在信里面,有些想后退,是一种为了成全王映霞而主动选择的后退。

他说得好动情,一定是先将他自己感动了。他在信里说:"我若是有良心的人,我若不是一个利己者,那么第一我现在就要先解除你的痛苦。你的爱我,并不是真正的由你本心而发的,不过是我的热情的反响。我这里燃烧得愈烈,你那里也痛苦得愈深,因为你一边本不在爱我,一边又不得不聊尽你的对人的礼节,勉强的与我来酬酢。我觉得这样的过去,我的苦楚倒还有限,你的苦楚,未免太大了。今天想了一个下午,晚上又想了半夜,我才得到了这一个结论。"

郁达夫甚至还理性地分析了自己的三种劣势,第一是他们两个的年龄差距有些大,郁达夫比王映霞大了十二岁,所以因为这年龄的差异,而导致有一些共同的感受不能发生。第二是郁达夫觉得自己长得也不好看,没有什么出色的风采,这也是他平生最大的遗憾,因为模样不引人关注,所以不能让王映霞的内心燃烧。第三个原因则是,郁达夫觉得自己的名气或者财富也不够多,没有盖世的声誉,让王映霞五体投地的崇拜。

郁达夫这一封信,既充满了浓浓的爱,却又满心满腹地为王映霞考虑。他说,从前,我埋怨你总是不愿和我见面,那是因为我还没有想明白爱情到底意味着什么,现在呢,我经过这一段时间爱你,终于明白了,爱情原来是这样的一种人生体验。他感谢王映霞让他体验到了他以前从未有过的关于爱的感受,既有痛苦,又有幸福,也甜蜜。

他希望王映霞不要因为他而从此对其他有资格爱她的男人也生出怨恨。他甚至还说,虽然,我是出于爱你,而从此不再打扰你,增加你的痛苦,但是,我爱你的心是不变的,如果你想要我怎么样,我一定会照办的。

这样的一种后退的爱,比他之前动不动就抱怨,反而更有力量。

他在信的最后,这样施展他文字的能力,建筑一个自己的可怜的形象:"这一回的事情,完全是我不好,完全是我一个人自不量力的瞎闯的结果。我这一封信,可以证明你的洁白,证明你的高尚,你不过是一个被难者,一个被疯犬咬了的人。你对我本来并没有什么好恶之感,并没有什么男女的私情的。万一你要证明你的洁白,证明你的高尚,有将这一封信发表的必要的时候,我也没有什么反对的抗议。不过若没有这一种必要的事情发生的时候,我还是希望你保存着,保存到我的死后再发表。"

写信的时候,郁达夫心里仿佛已经透彻了,了悟了,甚至是放下了。然而,写完信以后,到了晚上,在大马路上来回走了几圈,又回到了孤独的状态。

他甚至又开始怨恨女人,去喝酒消愁。

晚上的时候,又托人去给王映霞送了一封信,说马上就想要见到她。结果王映霞说,明天九点钟,你在家里等着我。

三月五日,晴爽,又是周末。郁达夫一早起来便等着王映霞的到来。

昨天在书信里制造的那些个自卑的词语,今天仿佛全都扔到了时间的缝隙里,见面以后,才知道,昨天的时候,王映霞和她的同学陈锡贤一起去创造社找了一次郁达夫,只是不遇。

郁达夫便将他对她的爱,对她的感受,对她的承诺,对她的人生设计,都详细地说了。从早上九点钟开始说起,一直说到了晚上。

在日记里,郁达夫这样写他今天的收获:"天上浮云四布,凉风习习,吹上她的衣襟,我怀抱着她,看了半天上海的夜景,并且有许多高大的建筑物指给她看,她也是十分满足,我更觉得愉快,大约我们两人的命运,就在今天决定了。她已誓说爱我,之死靡他,我也把我爱她的全意,向她表白了。吃过晚饭,我送她回去。十点前后,回到旅馆中来,洗澡入睡,睡得很舒服,是我两三年来,觉得最满足的一夜。"

三月六日这一天,除了给王映霞写了一封甜蜜满满的信以外,还去刘海粟家里吃了一次酒席,是刘海粟请了他多次,不去不好意思。在刘海粟家里,正好遇到了徐志摩。自然是欢喜的,徐志摩是他中学的同班同学,不仅如此,在北京大学教书的时候,郁达夫颇为贫穷,得过徐志摩不少的救济。

然而,这一天在刘海粟家里,吃完饭打麻将的时候,郁达夫输了二十几元钱。果真是情场得意,赌场失意。

郁达夫也是蠢,应该在前几天找不到王映霞的时候去找他们打麻将才是。

三月六日午后,给王映霞做了两首诗,诗如下:

朝来风色暗高楼,偕隐名山誓白头。好事只愁天妒我,为君先买五湖舟。

笼鹅家世旧门庭,雅凤追随自惭形。欲撰西泠才女传,苦无椽笔写兰亭。

诗果然是通向女性内心的一张门票,诗写好的第二天,三月七日这一天,郁达夫便和王映霞亲了嘴。日记里,他这样写:"上世界旅馆去住了半天,窗外雨很大,窗内兴很浓,我和她抱着谈心,亲了许多的嘴,今天是她应允我亲她的第一日。"

波折

　　王映霞在给予郁达夫初吻的同时,也赠送了一筐质量颇好的嘱托,她要求他从此上进,不要再考虑逃避,以及出国的事情。要好好地做一番事业,要将正在做的事情做出成绩来。

　　所以,三月八日这一天,郁达夫给王映霞写了一封感谢信,感谢她对他的人生指导。信的开头像个乖孩子一样,恋爱中的男人,大概都是放弃了年龄的:"映霞:昨天的一天谈话,使我五体投地了,以后我无论如何,愿意听你的命令。我平生的吃苦处,就在表面上老要作玩世不恭的样子,所以你一定还在疑我,疑我是'玩而不当正经',映霞,这是我的死症,我心里却是很诚实的,你不要因为我表面的态度,而疑到我的内心的诚恳,你若果真疑我,那我就只好死在你的面前了。"

　　三月九日的时候,郁达夫和王映霞到了美术专科学校逛了一

163

圈,郁达夫很想让王映霞去学美术,然而,第二天,王映霞便拒绝了。可能她对绘画这件事情,并没有足够的兴趣。

在大街逛的时候,郁达夫对王映霞说了他的理想和计划,然而,这计划里,总要摆脱他的家庭才行。所以,在日记里,他写道:"啊啊,可咒诅的我的家庭。"

三月十日,郁达夫起得晚了,他的心情很高兴,有一种微妙的预感,觉得王映霞可能会来找他。果然,上午十点钟,他刚从孙百刚家里出来,便遇到了王映霞,而且,王映霞先去了创造社找他,他不在那里,才又到了孙家来看看。

两个人在咖啡馆里喝了一会儿咖啡,又约了朋友一起吃午饭。

在日记里,郁达夫这样描述他的美满的一天:"今天的一天,总算过得很有意义,也是我和映霞的恋爱史上最美满的一页。但因为太满足了,我倒反而忧虑将来,怕没有好结果。啊啊,我这不幸的人,连安乐的一天幸福,也不敢和平地享受,你说天下世上还有比我更可怜的动物吗?"

他的确可怜,幸福还没有安稳,第二天,三月十一日,十点钟的时候,孙百刚的夫人杨掌华和王映霞一起来了。中午他们一起吃饭,饭后一起回到了创造社聊天。天突然下起雨来,一时间,王映霞和孙夫人都走不了了。所以,无趣的王映霞翻郁达夫的书,翻到了他写的日记里,一会儿去嫖娟,一会儿向北京的女人忏悔,一会儿又埋怨王映霞狠毒。

王映霞大发脾气离开,然后,又写了一封信送过来,痛责郁达夫无耻。

郁达夫只好连续写了三封信向她解释。

第一封信极长,向王映霞解释,为什么会在日记里怨恨她,说有三个理由:第一个原因是当时郁达夫是诚心诚意地表达爱慕,而王映霞却视而不见;第二个理由,则是后来王映霞变了,说对郁达夫也是爱的,但是却不想总是见面;第三个理由,是郁达夫当时不可能马上就离婚,而王映霞却不理解他的苦衷,以此来要挟他。

郁达夫除了向王映霞解释他的日记中怨恨她的字词内容,还担心,王映霞没有认真看他的日记,而只是胡乱翻几眼,恰好只看到他在日记里怨她骂她,这下就完了。所以,郁达夫在书信里急着表白:"我的日记,是丝毫不假的把我的心事写在那里的,你若有工夫,仔细一看,就可以看出我待你的真意如何。你看我的日记,要从头至尾看了才可以说话,断不可看一节两节(这时候,我心里怨你,也许去找另外的女人的,但这并不是我的真心),我在骂你怨你的时候的气话,就断定我待你的心思。"

真相自然是全部都要看,然而,怕只怕一个自己喜欢的人,只看了片段,而且信了这个片段,没有兴趣再听你的解释。

郁达夫越想越怕,在书信里几乎想要用死来证明自己的清白

165

了,他又接着写:"我的一死本来也不足惜,我不过怨我自己的运命太差,千年逢闰月,却又遇着了像你这样的一个多心的女子。我觉得你对我太没有信用了,你这没有信用对我,就是你对我的爱情还不十分热烈的表白,映霞,你竟能够这样的狠心,把这一回的事情,当作一场恶梦,想丢了我而远去吗?我想你是不至于的,你竟能够毫不动心地看一个男子死在你的面前么?我想你是决不能够的。映霞,我此刻对你的心思,若有半点不诚,请你把我写给你的信全部公开出来,使社会上的人大家来攻击我,可是映霞,我爱你到了如此,而你对我,仍旧是和对平常一般的男子一样,这教我如何能够安心下去呢?"

郁达夫在信的末尾求王映霞再来一下,将他的日记全都看完,然后再作结论。他甚至说他最近的精神一直不好,希望王映霞不要再考验他,不要再让他受折磨之苦了。他希望尽快见面,将这件让王映霞疑心的事情解决掉。

写完这封信,郁达夫冒着大雨,将信寄了出去。晚饭后,仍然觉得难过。

开始细细地回味,王映霞是从哪一刻开始生气的,又翻了一下自己的日记,猜测王映霞是为了什么内容而生气的。男人的思维方式与女人自然是不同的。郁达夫凭着自己的猜测,于是决定再给王映霞写一封信来解释。

他首先将自己最大的勇气说了出来,那就是,他愿意和王映

166

霞一起殉情而死。这就是他对王映霞的最深的爱情表达。

然后,他猜测出王映霞生气的原因有两个,一个是,他在日记里多次写到徐之音,甚至还有一天在日记里比较了徐之音和王映霞。所以,他在书信里向王映霞解释了他和徐之音的关系:"大约我想你恨我的有两种原因。一,因为日记上记有一段我没有抛离妻子的决心。二,因为我恨你的时候,说了你许多坏话。或者因为我恨你的时候,去找了一位名之音的朋友。她和我丝毫没有关系,不过在无聊的时候,去找她谈谈话罢了。至于我的决心,现在一时实在是下不了,一时实在是行不出去,因为她将要做产了。"

郁达夫和徐之音,如果没有王映霞,那么,也许就可能成为一对恋人了。徐之音寡居,郁达夫寂寞,他们两个都是婚姻的过来人,说不定,还很般配呢。然而,现在,郁达夫的内心里只给王映霞一个人留了地方,所以,他一口将徐之音否定了。

而孙荃马上要临近生产,所以,即便是郁达夫再和她感情淡漠,也不好在此刻直接通知她,要和她离婚。

所以,郁达夫第一次将难处和王映霞直白地说了出来。这一回说出来,倒并不是虚伪的,反而让人觉得他是一个身不由己的人。

然后,郁达夫在这封信里,又向王映霞保证了,将来他一定能做到与孙荃分离。

这第二封信的补充解释,应该可以将王映霞的一些疑虑打消。然而，写完这封信以后，郁达夫想要亲自交给王映霞，所以，就冒着雨到了坤范女中去找王映霞，结果，王映霞不在陈锡贤那里，陈出来对郁达夫说，王映霞一早便出去了，没有回去。

郁达夫淋了一天的雨，有一股郁闷之气无处发泄，在书信里大骂孙百刚和他的夫人。他认为，如果不是王映霞跟着孙夫人来借钱，无论如何也看不到他的日记，那么，这一场事故也就不会发生了。

这样的逻辑实在是又好气又可笑。王映霞看到这封信不知作何感想，但在今天看来，总觉得郁达夫有一些所怨非人了。孙百刚的夫人也只是拉着王映霞一起去找郁达夫，觉得此地好说话，哪会有意地让王映霞看郁达夫的日记。再说，郁达夫你自己不将日记放好，却反过来怪别人，也是巨婴的思维。

三月十二日这一天，一大早郁达夫接到了王映霞的一封信，说是不适合做恋人，或者可以做长期的朋友。郁达夫难过死了，又冒着雨跑到坤范女中去找王映霞。然而在坤范女中门口徘徊了很久，终于没有敢叫王映霞出来。

晚上的时候写了一封信，想寄，又觉得寄信还是慢了，终于又一次来到了坤范女中，还好，这一次，王映霞出来见他了。

虽然没有将全部的矛盾都化解，但是王映霞答应了郁达夫的请求，明天的时候，再到创造社来找他，再好好地说他们两个人的未来。

郁达夫长出一口气,在日记里抒情地写道:"我就同遇赦的死刑囚一样,很轻快地跑回了家。这时候,天上的急风骤雨,我都不管,我只希望天早一点亮,天亮后,好见她的面,向她解释她对我的误解。"

天一亮,他便开始写一篇关于创造社的文字。九点,王映霞和她的同学陈锡贤一起来了。这让郁达夫喜出望外。

聊天了很久,郁达夫请她们两个人一起到了一家小饭馆吃饭。吃饭后,陈锡贤借口有事先走了,只余下郁达夫和王映霞两人,于是郁达夫带她到周家去喝茶聊天,哪知不巧,周家正有一群人在他家里讨债。很是尴尬,郁达夫又带着王映霞到了一家咖啡馆小坐,这一下,终于将信里没有表情表达的,细细说清楚了。

王映霞听了以后,没有再埋怨郁达夫。

三月十四日这一天,一早接到了王映霞的来信,郁达夫写了一封解释的回信给她。

恋爱中的女人,大多是没有主见,而恋爱中的男人,为了能够获取女人的心,说谎是他们的本能。比如三月十四日郁达夫给王映霞的回信里,差不多,用一些似是而非的证据,将王映霞的一些疑惑给解答了。

王映霞的疑惑自然是因为孙百刚的夫人杨掌华女士的一些善意的提醒。郁达夫虽然热烈地说爱王映霞,可是从来没有承诺过,先离婚,所以,孙百刚和杨掌华为了爱护王映霞,不让她将来后悔,就劝她还是要再等一下郁达夫,等他彻底离了婚,再和他交往。

这样的劝慰和建议,是因为关系亲密才会说起。然而,当王映霞在信里面向郁达夫说起的时候,郁达夫是如何毁掉王映霞对孙百刚夫妻的信任的呢?他在三月十四日的信里这样说:"旁人中伤我的话,是幸灾乐祸的人类恶劣性的表现。大约这个对你讲那些话的人,在不久之前,也对我讲过。她说离婚可以不必,这样的做,我的牺牲太大了,她又说,你是不值得我这样热爱,这样牺牲的人。映霞,这些话并非是我所捏造出来,是她和她的男人对我讲的。另外,更有那些同住的男人,对我说的话更加厉害,说出来怕更要使你生气,但我对她及他们的话,始终还没有理过。"

王映霞的烦恼的根源在于,她信了孙百刚夫妻的话,担心郁达夫和她的感情只是玩耍,根本没有想过离婚,然后娶她。所以,犹豫不决。然而,郁达夫直接瓦解了她对孙百刚夫妻的信任,郁达夫在信里的内容,像一味毒药一样,让心思单纯的王映霞一下子就蒙了。她不知道该信郁达夫还是信孙氏夫妇。

三月十四日的信里,郁达夫在开头的时候便发了誓,说是,"别的话可以不说,你但须以后看我的为人好了。那事情若不解决,我于三年之后,一定死给你看,我在那事情不解决之前,对你总没有比现在更卑劣的要求,你说怎么样?"

他给了自己一个最后的期限,那就是三年之内,一定和孙荃

170

离婚。当下不能马上离婚的原因,已经和王映霞解释过了,王映霞也理解了他的人生处境。

在这一天的信里,除了瓦解王映霞对孙氏夫妇的信任之外,还强调了王映霞对他的作用。他说,因为得到了你的原谅,所以,我现在做事情的效率特别的高。昨天晚上加班写了文章,编了杂志。一边干活,一边还觉得幸福,那是因为得到了王映霞的理解。

三月十四日的两封信,果然有了效果。三月十五日这一天,郁达夫收到了王映霞一封很沉痛的来信,在日记里,郁达夫这样写来信的内容:"午后因为怕映霞要来,所以没有出去,等到六点多钟,她终于不来,只接到她一封很沉痛的来信,她对我的爱,是不会动摇的了,以后只教我自家能够振作,能够慰她的期望,事情就可以成功。"

一场让郁达夫要死要活的波折,就这样被他摆平了。

王映霞不但接受了郁达夫,连她的同学陈锡贤,也想让郁达夫介绍给他创造社的同事蒋光慈。

这样的婆婆妈妈的事情,让两个人的关系更加自然和稳定。

三月十六日,郁达夫给王映霞的信很是甜蜜。他这样写恋爱中的男女的同频感受:"映霞,今天的半天,在我是觉得很快乐的,不晓你以为怎么样。你们去了以后,医生的周先生又说了许多的话。他也在赞你的美,我听了心里很是喜欢,就譬如是人家在赞我一样,映霞,我与你真已经是合成了一体了。我真是这样的想,假如你身上有一点病痛,我也一定同时一样的可以感到。所以前几天,你有了精神上的郁闷,我也同时感到了你的郁闷,弄得夜不安眠,食不知味。这几天,你的愁闷除掉了,我也就觉得舒服,所以事情也办得很多,饭也比平时多吃了。映霞,以我自己的经验推想起来,大约你总也是和我一样的,所以我此后希望你能够时常和我见面,时常和我在一块,那么我们两人的感情,必定会一天深似一天。"

郁达夫还说起自己的态度的卑微,书信里提到了周医生,是郁达夫留日时的同学周文达。他很关心王映霞到底爱不爱郁达夫。郁达夫呢,便对他说,我是十分爱映霞的,而映霞对我是若即若离,还不确定呢。

他这样说,是为了讨好王映霞,以这样卑微的姿态来告诉别人,让别人以为,王映霞对郁达夫并不十分在意,只是郁达夫一头热。

那么,这样做的好处是,王映霞至少觉得郁达夫在处处讨好于她,让她的存在感更为强烈,好忽略两个人恋爱中最为重要的障碍,乃是他在北京的妻子。

在这封信里,郁达夫还专门对王映霞说了,以后再见面的时候,只能是他们两个人。因为,恋爱是两个人的事情,他们还有很多私密的情话要说,所以,有第三个人在场的话,有一些话便说不了。郁达夫在书信里这样写他的观点:"映霞,下一次我们相会的时候,可以秘密一点,不能教第三者来参加,并不是我想做卑鄙的事情,因为在这一个爱情浓厚的时候,正应当细细的寻味这浓情蜜意。人生苦短,在这短短的人生里,这一段时期尤其不可再得,所以你我都应该尊重它,爱护它,好教他年结婚之后,也有个甜蜜的回忆,你以为如何?"

三月十八日这一天,郁达夫和王映霞完整地约会了一天。他们先去逛了公园,然后到了咖啡馆去喝了喝啡。在咖啡馆里吃了简餐,坐了两个小时,谈了许多将来的生活内容。然后又到了电影院看了一场美国电影,晚上的时候,去了六合居吃饭。吃饭的时候,又谈到了将来的事情:结婚,以及该如何处理他的家事。

两个人都悲伤不已。

日记里写道:"饭间谈到将来的事情,各觉得伤心之至。"各觉得,这说明,王映霞已经开始同情郁达夫,原来只有郁达夫一个人伤心,王映霞甚至觉得,你不配和我谈这些。现在呢,恋爱关系确定以后,一想到郁达夫为了自己,要和刚刚生育过的孙荃离婚,她也觉得悲伤。

完整的一天约会结束后,郁达夫送王映霞回坤范女中休息。临分开的时候,王映霞突然转过头来,看着郁达夫,对他说,你要早点睡。郁达夫从未享受过王映霞如此主动且细微的关怀,他点着头,一转脸便哭了。他是开心。他觉得,付出了,真是有回报的。爱情上,也是如此。

然而一想到将来,他也是觉得灰心。

三月二十日,两个人又约会了一天。

逛街,开房,亲吻。

爱情不过是这些事情吧。

郁达夫和王映霞喝了酒,说两个人欢喜的事情,便一起开心,又说有可能会出现的伤心事,便一起伤心。

不止是郁达夫个人的问题,王映霞呢,如果她回到家里,对自己的爷爷说,喜欢上了一个有妇之夫,那还不是给他的爷爷当头一棒。

晚饭后,路过一家鞋店,郁达夫给王映霞买了一双黑缎子的鞋子,这是郁达夫第一次送王映霞礼物。

回旅馆,两个人第一次睡在一起,郁达夫在日记里这样记录他们的第一夜:"和她谈了一夜,睡了一夜,亲了无数次的嘴,但两人终没有突破最后的防线,不至于乱。"

三月二十一日,两个人十一点钟才起床,走到大街上才发现,原来工人闹罢工,两个人手牵着手,像是度过了一场战争似的,逃出罢工区域,两个人相互关心的样子,让他们的感情又经历了一些难忘的细节。

接下来的日子变得琐碎而幸福,三月二十五日,郁达夫带着王映霞到周文达那里看了看病。

三月二十六日,大街上的风很大,郁达夫抱着王映霞走,然而,那几天,北京的孙荃正在生产,所以,郁达夫的内心颇为焦灼,一方面看着王映霞的笑脸幸福,一方面又担心北京女人的安全。

他们的恋爱中间一直有一个阴影,便是孙荃。

四月二日,郁达夫收到了孙荃的一封信,说是没有钱了。郁达夫马上想跑到银行给她转一些钱过去,然而,因为受罢工的影响,一些路全被封掉了。郁达夫在街上跑了三四个小时,都过不去,生气地在日记里发怒:"在银行附近的地方跑了三四个钟头,终于无路可通。我这时候真气愤极了,若有武器在手中,当然要杀死那些英国的禽兽一二名,以泄我的愤怒。"

汇款不成,只好去小旅馆找路过上海的二哥郁养吾说说他的悲伤。然后又在内心里自责,是他只顾着和王映霞卿卿我我,而忘记了孙荃的苦处。郁达夫转身便又去找王映霞诉苦,说了说孙荃现在的处境。

王映霞这一次放下了对郁达夫过去的怨气,她毕竟是女人,所以同情孙荃。她也觉得郁达夫做得不够好,她责备郁达夫对孙荃太过分了。

王映霞责备郁达夫对孙荃太不负责了,这样的话说出来,足以证明,她爱郁达夫,已经不再计较他的过去了。只希望,她爱的这个人有责任心,哪怕是他与原配孙荃没有那么热烈的感情,但是,他们有儿女,这样的责任还是要承担的。

一九二七年四月三日,王映霞回杭州,郁达夫去送她。在车站里当着大家的面亲了她。然而,因为陈锡贤和王映霞同车回去,郁达夫怕当场掉眼泪,被陈锡贤看到后笑话,所以,将王映霞抱着自己的手搬开,然后一个人强行离开了火车站。"硬了心肠,和她们别去,就坐在车上,一看到她留给我的信,眼泪终于掉下来了。"

订婚

王映霞回到杭州以后,郁达夫开启了自强模式。

一九二七年四月三日,送走王映霞的当天晚上,郁达夫写了一封长信给王映霞,在信里,他说了两件事情,第一件事情是,"映霞,你叮嘱我的话,我句句都遵守着,我以后要节戒烟酒,要发愤做我的事业了,这一层请你放心";第二件事情呢,是,"映霞,我希望你能够利用这个机会,说得你母亲心服,好使我们俩的事情,得早一日成功"。

王映霞大概也向自己的母亲简单说了一下郁达夫的情况,不知是表述有问题,还是王映霞故意隐瞒了一些事实,母亲嫌她太不够细心。

四月六日,郁达夫在给王映霞的信里有这样一段:"你母亲的见解,也不能说她错,因为她没有见过我,不了解我的家庭的情形,所以她的怪你太大意,也是应该的。不过映霞,只教你的心坚,我的意决,我们俩人的事情,决不会不成功,我也一定想于今年年内,把这大事解决。我对于你,是死生不变的,要我放弃你,除非叫我先把生命丢掉才可以,映霞,你若也有这样的决心,那么,我们还怕什么呢?"

在这封信里,郁达夫悄悄地将一些原来承诺的誓言稍微做了一些调整,比如,他原来对王映霞的承诺是一定要和北京的孙荃离婚,但要等她生育过后。而现在呢,他的想法是,让北京的孙荃承认他与王映霞的婚姻,她不能加以干涉。

孙荃本来在他们两个人的婚姻中都只是一个配角,什么时候有决定的权力了呢,所以,郁达夫抛弃她,她也只能承受。

而他最担心的就是王映霞的母亲提出来一个强硬的条件,就是让他必须马上离婚,才能和王映霞结婚。如果是这样的要求,那么,郁达夫可能就要打一个持久战了,因为,郁达夫面临的还有他的母亲以及大哥。

所以,郁达夫极力劝王映霞做好她的母亲的工作,希望她能够答应他的条件,他保证家里的那位女人绝不干预他和王映霞结婚。

在书信里,郁达夫写道:"映霞,我们两人精神上早已经是结合了,我想形式上可以不去管它的,我只希望能够早一日和你同居,我就早一日能得到安定。"

一九二七年四月十日午饭前,郁达夫突然接到了王映霞的一通电话,这是在他们交往史上第一次通电话。午饭后,他又回了一个电话给王映霞。

还好,他们两个没有老是打电话,不然的话,他们的情话全在电话里说了,我们当下的读者只能看到他们的通话记录了,打了多少分钟的电话。

一九二七年的四月十二日,一早,郁达夫便听到了枪声。他计划好了的,今天一早坐车去杭州,然而城市戒严,他走不了。火车站因为工人和军警斗争,车停开了。第二天,郁达夫坐了晚上的船到杭州。

那船是慢船,"挤得同蒸笼里的馒头一样",郁达夫在日记里如此记录,可以想象他的窘迫。

第二天下午五点半,终于到了杭州。

郁达夫在西湖饭店住下以后,洗了一把脸,便直奔王映霞的家。他多少有些担心,怕一进门就被王映霞的母亲或者爷爷给骂出家门来。

郁达夫到了王映霞家里以后,接待他的是王映霞的母亲,王映霞外出了。郁达夫和王映霞的母亲聊了几句以后,从王母的态度里窥测,郁达夫觉得自己有希望了。因为王映霞的母亲绝不是那种要阻碍他和王映霞的。

天色已晚,王映霞的母亲将室内的电灯打亮了。郁达夫觉得有些局促,几次站起来想要离开,回宾馆。王映霞的母亲将他挽留了下来,说是让他在家里吃晚饭。

等到晚饭的时候,王映霞回来了,郁达夫便拉了王映霞出去,说是要在外面吃饭。吃完饭呢,便到了酒店里,又是一通亲昵。

第二天一早,郁达夫便到王映霞家里,先是和王映霞的两个弟弟金宝峒、金双庆熟悉了,然后还和王映霞的祖父王二南见了面。

王二南当时已经七十五岁,但是鹤发童颜,十分健壮。于是郁达夫和王二南谈了半天的旧诗。王二南是南社的成员,而郁达夫旧诗功夫又极好,所以,一谈如故。

郁达夫就请了王映霞全家在西湖边的三义楼吃饭,人间四月,正值春和景明,郁达夫和王映霞的家人在西湖边上游了半日,拍了照片,可谓相见欢喜。

十六日,郁达夫和王映霞在路上行走时竟然遇到了孙百刚的夫人杨掌华,于是晚上一起在三义楼吃了饭。当天晚上,郁达夫住进了王映霞家里,王映霞将自己的床让给了郁达夫,她搬去和母亲同住。

四月十七日,和王映霞去看了月亮。

十八日,本来计划回上海,但是因为王映霞的母亲和弟弟都留他再住一天,便又住了一天。这一天中午,郁达夫借着酒劲儿,和王映霞的母亲说了他和王映霞的打算。

这一次去杭州见王映霞的家人,可以说是大获全胜,之前的担忧,都被这一次见面给打破了。在回到上海给王映霞的第一封信里,郁达夫这样写道:"此番来杭州,我们的事情,总算已经定夺了一半,以后是我这一方面的问题了,请你放心,我总至死不变,照初定的计划做去。你们的一家人,自老祖父起,一直到双庆为止,对我都十分的要好,我心里真感激到了万分,此信到后,先请你递给他们看一看,好表明我的谢意。"

一九二七年四月二十五日,王映霞应了同学的邀请,一起到了嘉兴二中附小去做教师了。而郁达夫却大病了一场,就是从王映霞去嘉兴的这一天晚上开始发烧的。二十六日,喉头痛,腰酸。二十七日病加剧。二十八日晚上仍发烧,眼睛还红红的,实在是扛不过了,下午的时候去找了同学周文达看了看病。一直到了三十日晚上,胃口还不十分好。

因为怕王映霞担心,所以病时并没向王映霞说起,一直到了五月三日,病情好转,才在信里写了:"我因为伤风,天天睡在床上,但对你的信里,仍旧没有提及,因为怕你为我担心思。所以前几天发出的信,都只短短的几句话,昨天前天的两天,连信也不发。映霞,你以为是我对你的冷漠么?不是的,绝对不是的,我实在是因为身体不舒服的原因。"

然后又在信里对王映霞承诺,等过了端午节,他便去北京和孙荃商议他要和王映霞结婚的事情。

五月六日的日记里,郁达夫专门记下了他的一部作品集《寒灰集》出版时,他在扉页上加了一句献辞:"全集的第一卷,名之曰《寒灰》。寒灰的复燃,要借吹嘘的大力。这大力的出处,大约是在我的朋友王映霞的身上,假使这样一本无聊的小集,也可以传之久远,那么让我的朋友映霞之名,也和她一道的传下去吧。"

这是郁达夫用自己的作品集的出版,向全世界宣布他和王映霞恋爱的消息。

郁达夫在五月五日给王映霞的信里,专门说了一句,你少给蒋光慈写信,我是要吃醋的。于是接着王映霞便将蒋光慈写给她的信寄给了郁达夫看,果然无任何私情。郁达夫只好道歉说:"你与霞生(蒋光慈)通信,我决不会猜疑,请放心。你寄来的霞生的信,在此地寄还给你。"

王映霞也有她的苦恼。比如,她的表姐与一个日本留学回来的人订婚了,于是,王映霞的母亲自然会在她的面前说,看看你的表姐选的人多好。

对于郁达夫来说,和王映霞恋爱,很像一个多情的浪子给一个单纯的女孩洗脑的过程。一九二七年五月九日,郁达夫给王映霞的这封信便有这样的味道。在这封信里,郁达夫首先承认,中国人必然会活在一个传统的腐败的虚荣的人情社会里。可是,如果相爱的两个人有足够强大的内心,不在意世俗社会的肯定,那么,所有的非议和诋毁,便不算什么了。郁达夫的语言在书信里特别好,有一个句子像是被雨水洗过一样:"我们应该生在爱的中间,死在爱的心里,此外什么都可以不去顾到。"

王映霞才十九岁,看到别人风光的订婚,父母欢笑,而她呢,像一个地下情人一般。郁闷是难免的。郁达夫应该是早期PUA(搭讪艺术家),他在一封信里便解决了王映霞的内心困惑,他这样写道:"映霞,我只怕你的心要摇动,要看了那些世俗的礼节虚荣而摇动,所以在这里诚诚恳恳的求你,求你信赖我到死,把我当作最伟大的人看,比一切礼教,虚荣,金钱,名誉,都要伟大。因为我对于你所抱的真诚之心,是超越一切的,我可以为你而死,而世俗的礼教,荣誉,金钱等,却不能为你而死。映霞,我所最怕的,就怕你因为受了这一种外部的刺激而变了你的心意。你愿意我到嘉兴看你么?你若愿意,请你马上来一封信,我立刻就可以到嘉兴来和你谈一宵话,把你胸中的郁闷遣散开去。"

郁达夫和王映霞两个人合伙给蒋光慈介绍女朋友的事情,仿佛失败了。蒋光慈喜欢陈锡贤,然而,陈锡贤可能对蒋光慈并不满意,所以,这才有了王映霞与蒋光慈的通信。

之前的信里郁达夫对王映霞给蒋光慈写信表示吃醋,后来王映霞直接将蒋光慈写给她的信寄给了郁达夫,这才知道,蒋光慈是向王映霞诉苦的。是因为陈锡贤是王映霞的同学,而现在,他们的感情出了问题。

五月十一日,郁达夫给王映霞写信说他端午节后准备去北京一趟,处理他的感情事,所以希望王映霞能来上海一趟,见面说说话。于是,十三日下午的时候,王映霞到了上海。郁达夫这一天极忙,先是和王独清、郑伯奇一起去要稿酬,而后又陪着他的二哥郁养吾办了一些事情。一直到晚饭后,才看到王映霞的信,知道她来了。

郁达夫立即坐车到了王映霞住的东方旅馆。

十五日,郁达夫肚子痛,王映霞陪着他去了周文达那里去看了看。看完病,便和王映霞看了一场电影。

十六日,王映霞要离开的时候发现郁达夫眼睛变黄了,便硬拉着郁达夫去看病,就近,郁达夫找到了他的留日的同学钱潮,钱潮一看便是黄疸病。怎么办呢,王映霞紧张地陪着达夫到了北四川路去配药,然后,又紧张地去火车站赶车。

送走王映霞后,回到住处,郁达夫发现,王映霞的母亲给他写了一封信,在信里很是生王映霞的气。原来,王映霞三岁之前,杭州的程家曾向王映霞的父亲提亲,只是后来不再说了。可能王映霞的母亲曾向王映霞说过一回,意思是,如果郁达夫和她的事不成,程家也是一个人选。

王映霞呢,又恰好是一个心思纯洁的姑娘,受不了母亲的世俗,所以,给母亲写了一封信,让郁达夫在给母亲写信的时候,夹寄了过去。

于是惹得母亲生了气,母亲认为,王映霞有什么想法应该直接和她说,而不是让郁达夫间接地寄信,这样显得母亲好像特别地不亲近女儿似的。

总之,郁达夫在信里要求王映霞无论如何也要写一封信向母亲道歉,他在信里这样说:"你母亲似在发气,气得很,请你千万将此信读后,马上写一封信去告罪,说'前信的所以要托达夫转寄,不过想教达夫知道我的决心'等话。映霞,你切不可得罪于你的母亲,因为你母亲实在是我们的帮手,你若得罪了她,我们的事情怕没有好结果。"

第二天,在王独清和一个画家朋友的陪伴下,郁达夫住进了法租界的金神父路的广慈医院里,住院费较贵,一天要五六元钱。

第三天,医生禁止郁达夫吃咸的食物,只能喝牛奶、吃面包。

王映霞终还是不放心,过了几天,又从嘉兴到了上海,来看郁达夫。

王映霞这次还是劝郁达夫到杭州去养病,郁达夫也同意了。

一九二七年五月二十四日的日记里,他这样写道:"午前一早醒来,就上虹口去打听《文艺战线》六月号到未? 问了两家,都说还没有来,大约明天总可以到上海,我的危险时期,大约也在这十几天中间了。孤帆教我躲避在他的家里,但我却不愿去连累及他,所以仍想上西湖去住几天。"

郁达夫五月二十八日到了杭州养病,三十一日便接到了创造社的信,说是有人去创造社专门调查了郁达夫,还问他在杭州的住处。郁达夫回信,让他们在报纸上做一个声明,说明他已经到了日本。

他的病确是重的,一到杭州,王映霞的母亲和爷爷都觉得郁达夫病势很严重,专门请了集庆寺的一位高僧来给郁达夫诊病。

自从他来到杭州,每一天,王映霞都陪着他。他在六月一日的日记里写道:"日日和映霞痴坐在洞房,晚上出去走走,每日服药一帖,天气也好,饮食也好,世事全丢在脑后,这几天的生活,总算是安乐极了。"

为了郁达夫和王映霞的订婚仪式,郁达夫想请他的二哥来做一个家长。因为大哥是不可能同意来的,大哥一直在京帮着照看孙荃,可能感情和孙荃更近。而郁达夫与母亲的关系也一直不好。所以,只能求二哥过来。

六月一日晚上,郁达夫的二哥郁养吾到了王映霞家里,和王家老爷子见了面,聊到了深夜十点钟才散。第二天一早便又赶回富阳了。

郁达夫送走二哥之后,便到杭州的聚丰园去订房间和菜单。他和王映霞商定了,就在三天后的五月初六晚上举行订婚仪式。

为了这天的仪式,郁达夫还专门订了一身新衣服,准备在那晚的宴席上穿。

然而,郁达夫的二哥回到富阳以后给郁达夫寄了一封信,说是初六那天,他不一定能过来吃他们的订婚宴。

二哥是代表着家长来的,怎么能不出席呢,郁达夫一看信便急了。在日记里郁达夫这样写他的心情:"晚上浩兄书来,说初六那天来不来不定,为之不悦者通夜,和映霞对泣移时。决定明天坐汽车回富阳一次,无论如何,总要催他到来。啊,求人真不容易,到今朝我才尝着了这求人的滋味。"

六月四日一早,郁达夫醒来以后,便想起,今天是龙儿离世一周年的纪念日,又想了一阵子龙儿的事情,难过了一阵子。

然而,二哥的事情还是要解决,于是,坐车从杭州回富阳。

十点钟便到了家,见了他的母亲。将近两年他没有回家,所以,母亲有些变老。郁达夫和母亲的不和,还是和龙儿小时候那一次争吵有关。然而,这一次,为了能让二哥代表家里去参加他和王映霞的订婚宴,他跪了下来,求母亲原谅。

六月五日,农历五月初六这一天,二哥还是来了。六点钟,郁达夫和王映霞在杭州聚丰园酒店举行了订婚仪式。那天,他们两个的媒人孙百刚的夫人杨掌华也到了。不但到了,还喝醉了酒。

在那天的日记里,郁达夫写道:"和映霞的事情,今夜定了,以后就是如何处置荃君的问题了。"

关于这场订婚宴,孙百刚还有另外一个版本。说是,他在一九二七年的冬天,收到过一张浅红色的喜柬,内容很简单,是郁达夫和王映霞准备在日本东京办喜宴的请柬。

孙百刚一直不懂,为什么郁达夫和王映霞两个人一直在上海,偏要发一个在东京的请柬呢,可能是王映霞的虚荣心,想要制造一个他们在东京结婚的假象。

后来,他通过妻子杨掌华,才了解了五月初六订婚现场的一些细节,在《郁达夫外传》里,孙百刚是这样写的:"不过后来从掌华口中知道达夫和映霞在一九二七年六月五日(阴历端午节后一天,那时我不在杭州)曾在杭州聚丰园办过一次据称订婚酒的'喜酒'。事先映霞曾去邀她参加,意思是要她作为介绍人的身份去的。掌华曾来信征求我的意见,我复信说:能避免不去最好,万一真逃不脱,只好去到一到,但不要正式以介绍人的名义出面。事后据掌华说,后来连映霞的祖父王二南老先生也亲自出马来邀,她只得去参加。据说那天到的人,主要都是王家的亲朋。达夫方面的人非常少,仅来了二哥养吾。这位二哥还是达夫花大力去硬邀来的,因为他是作为男方的主婚人身份出现的。这样男女两家各有主婚人,掌华姑且算作男女两家的共同的介绍人,所以这顿订婚酒虽则没有什么正式的形式,也吃得热热闹闹,掌华甚至被他们灌醉。"

六月八日的日记里,郁达夫收到上海的小报新闻,刊登了他的一条内容,标题叫《郁达夫行将去国》,小报的名字叫《福尔摩斯》。

六月九日,王映霞要去嘉兴上班,郁达夫在杭州开始恢复写小说。十日的时候,集庆寺的和尚又来给郁达夫诊病,说他的病已经轻了许多。

本来计划六月二十日要回上海的,然而,他接到了创造社的来信,说是,如果他到上海,依然有危险。所以,只好又在杭州耽搁了下来。

六月二十三日,郁达夫和王映霞的母亲一起到西湖白云庵卜了一卦,抽了一个五十五签,解签得到的签诗是:"永老无别离,万古常圆聚。愿天下有情的多成了眷属。"这寓意是好的,至少,刚刚订婚的郁达夫和王映霞得到了一份来自神秘卦签的祝福。

郁达夫在王映霞家里一直住到了六月二十五日,这一天,郁达夫和王映霞的大弟金宝垌一起离开杭州,先与王映霞会合,请王映霞嘉兴二中附小的同事吃订婚酒。

因为下雨,他们三人在旅馆里听了两个小时的雨声,然后又一起到了上海。

郁达夫托人给王映霞的弟弟金宝垌找了一份工作,去考中央银行的练习生,约好了时间。

二十七日上午十一点,郁达夫送宝垌去考试。

晚上的时候,郁达夫和王映霞说到要去北京,王映霞又哭了一场。

七月四日,郁达夫想念王映霞了,给她写了一首词,《扬州慢》,内容颇好:"客里光阴,黄梅天气,孤灯照断深宵。记春游当日,尽湖上逍遥。自车向离亭别后,冷吟闲醉,多少无聊!况此际,征帆待发,大海船招。　　　相思已苦,更愁予,身世萧条。恨司马家贫,江郎才尽,李广难朝。却喜君心坚洁,情深处,够我魂销。叫真真画里,商量供幅生绡。"

王映霞一看诗词又是酒醉又是无聊,担心他的身体,所以,便写信要来看他。七月八日至十五日,王映霞来,郁达夫陪着她游走了一周。

王映霞离开上海后,郁达夫收到了孙荃的来信和大哥郁曼陀的来信。郁达夫回复孙荃说,一两周以后便回北京和她当面说。而大哥的信里,全是骂他的话。大哥毕竟和孙荃以及孙荃的孩子有感情的。

七月十八日,郁达夫把他新写的小说《微雪的早晨》改了一个题目叫作《考试》,给了《教育杂志》,换了四十元的稿酬。正好王映霞写信让他买一些布料,然而,郁达夫跑遍了上海,也没有找到王映霞信里所说的那种花样的纱布,只好买了三百支烟,给王映霞带过去给她的祖父抽。

接下来的日子,郁达夫一直陪着日本的佐藤春夫一家在旅行,不但见证了佐藤春夫夫妻吵架,还带着佐藤春夫去杭州,并带着佐藤春夫一家到了金刚巷王映霞家里吃家宴。吃饭时候,王二南写了书法赠送给佐藤春夫,相谈甚欢。

一面是陪着佐藤春夫旅行,一面又享受着王映霞思念的欢喜。然而,郁达夫的内心里还有一块伤疤,随时可能会被时间撕开,并流出血来。那便是孙荃。

七月三十日,郁达夫收到了孙荃的一封信,信里有不少的埋怨和威胁。郁达夫看了以后,心里很恼火,然而,转念一想,又觉得她是可怜的。在日记里,郁达夫这样写道:"阅报知北京今年大热,我很为荃君担心,昨天接她的来信,又觉得心里发火。但是无论如何,她总是一个弱女子,我总要为她和映霞两人,牺牲我的一切。现在牺牲的路径已经决定了,我只须照这样的做去就行。"

然而说是这样说,心里仍然不安,他有些担心孙荃的性格大变,不像原来那样温柔听话。如果他和孙荃的事情处理得不那么如意,该怎么办呢?

郁达夫没有想好。在日记里他有些悲观:"影片看完,送佐藤夫人等返旅舍,已经是十一点半了。一路上坐黄包车回来,颇感到了身世的不安,原因似乎在北京荃君给我的那封威胁信上。我想万一事不如意,情愿和映霞两个去蹈海而死,因为中国的将来,实在没有什么希望,做人真真没趣。不过在未死之前,我还想振作一番,奋斗一番,且尽我的力量以求生……"

有意思的是,一九二七年八月一日,郁达夫写了他的文集《〈鸡肋集〉题词》,有一段话是专门写给孙荃看的,他是这样写的:"在过去的半生中,使我变成了一个顽迷不醒的游荡儿,在最近的数年中,和我也共受过许多中国习俗的悲苦的我的女人,我在纪念你,我在伤悼你,这一本集子里,也有几篇关于你的文章,贫交远别,别有旁的礼物可以赠送于你,就把这一本集子,虔诚献上,作个永久的纪念罢!"

这段文字也算深情,然而书的名字却又是一种嘲讽的态度,鸡肋,差不多是形容孙荃对于他的价值。

八月二日这一天,不知是因为郁达夫前一阵子和佐藤春夫交往过于亲密,还是创造社在言论上过于大胆,这一天,几个警察局的暗探到了创造社,先是称要检查书刊,后来又说要抓人,于是一群编辑们吓得四处跑了。最可恨的是,会计把创造社的钱卷跑了。

第二天,大家又聚在一起开始批判郁达夫,说是他写的几篇文章导致创造社处于危险的境地。郁达夫很是恼火,和他们吵了一架,决定彻底离开创造社。

一九二七年八月十五日,郁达夫在上海的《申报》和《民国日报》刊登了《郁达夫启事》,声明与创造社完全脱离关系。内容如下:人心险恶,公道无存,此番创造社被人欺诈,全系达夫不负责任,不先事预防之所致。今后达夫与创造社完全脱离关系,凡达夫在国内外新闻杂志上所发表之文字,当由达夫个人负责,与创造社无关。特此声明,免滋误会。

这年秋天,因为王二南答应了上海一所叫群治大学的邀请,来上海教书,便把家搬到了上海。当时他们一家就住在哈同花园所在的民厚南里880号的二楼。

王映霞在《半生杂忆》里这样记录这栋楼:"这八百八十号是弄堂靠西的最后一幢石库门房子,是两楼两底,并连有过街楼。我们并将统厢房隔成了三间,另外还有一间前楼,倒是方方正正,大约有二十多个平方米。"

　　一九二七年十月三日,鲁迅到达上海,并决定长住上海,郁达夫一下子找到了自己的小伙伴。因为鲁迅兄和他一样,都是在北京有一个女人,而自己又和一个女学生恋爱结婚了。所以,郁达夫喜出望外地去找鲁迅喝酒去了。

　　查鲁迅的日记,差不多隔三岔五,郁达夫就在他家里。不久他们两个便联合起来,编了一本叫《奔流》的杂志。

婚姻

结婚前,郁达夫为了凑一点生活费,将自己的《日记九种》出版了。

原因和他与创造社的决裂有关系,一千多元的经济损失由他的两本书的版税抵扣了。又加上,他和王映霞计划结婚,甚至,他一直想带着王映霞去日本或者是欧洲旅行结婚,然而钱呢?

在日记的"后叙"中,他这样说:"不过中年以后,如何的遇到情感上的变迁,左驰右旋,如何的作了大家攻击的中心,牺牲了一切还不算,末了又如何的受人暗箭,致十数年来的老友,都不得不按剑相向,这些事情,或者这部日记,可以为我申剖一二。"

他专门说明了,文人卖日记,是末路中的末路。

他在后叙里还做了一个自嘲:"唉,总之做官的有他们的福分,发财的有他们的才能,而借虎威风,放射暗箭的,也有他们的

194

小狐狸的聪明。到头来弄得不得不卖自己的个人私记,以糊口养生的,也由于他自己的愚笨无智。"

　　然而王映霞看到《日记九种》出版却是非常的难过。因为,之前,他们两个已经因为这件事情吵过一次架了。而且,郁达夫当时在一封信里面发誓说自己生前不会出版这些日记的。然而,他们刚刚订婚,他就来这套。

　　王映霞在自传里这样写道:"信中说:'我的日记是决不愿意在生前发表的。'可过了几个月就出版了,作为一个刚和他订亲的我,怎么会不气恼呢? 他的日记的出版,事前我一点也没有知道。他之所以不让我知道,主要是希望我和他在感情上从此不再发生旁的枝节。他觉得光用公开的仪式似嫌重力不够,这样地将生活细节公布于众,我就不能再化作漏网之鱼。这是他个人想法。我读了《日记九种》以后,却感到他处处在为自己打算。至于当时的社会,是以男性为中心,发现了这样一件大胆而新奇的事情时,人们将以何种目光来看待? 他从未想过,也没有关心过。因此,我则为此而不快了好多天。而且,还有过一段消沉的时期,不大愿意和他同进出,少说话,并有近于后退的打算。但是我究竟还年轻,社会上的事情所懂得的还是太少,一时想过恨过,也就算了。郁闷在心头的恶劣情绪,过了不久,就被他的热情所融化。"

　　女人就是这样,哪怕是恨过,但终于,还是被融化了。

　　一九二八年一月,郁达夫的长篇小说《迷羊》出版后引发争议。这也正是郁达夫自己所得意的，只要他有作品出来，必然引起争议，或者批评或者赞美。

郁达夫很享受这样的争议，这让他觉得，一个作家应该是一个有争议的人物。

一月十三日，郁达夫曾经给日本佐藤春夫的侄女佐藤智慧子写了一封信，告诉她，他可能于二月去日本。

去日本，看来是他的计划。他和王映霞计划去日本旅行结婚。他出版了《迷羊》，换了不少的版税，也是为了去日本做准备。

然而事实上，他们并没有到日本去。

王映霞在《半生杂忆》中详细记录了，他们为什么没有去日本结婚。请帖都已经发出去了，结婚的地址是日本东京的精养轩，还通知了在日本留学的同学，和在上海的朋友。通知上海的朋友，并不是想让他们去东京参加婚礼，而是一种炫耀的心态。

然而后来因为经济问题解决不了，郁达夫和王映霞商量，不去东京了。但是，大话都已经说出去了，不去东京，怕王映霞的祖父和家人不同意，怎么办呢，两个人就假装去东京，在火车站旁边的一个小旅馆里租房住了一个月。

这件事情足以说明当时两个人都有些虚荣，其实，如果如实地向祖父说明白，他们未必会介意去不去东京。

最好笑的要数王映霞的同学顾鹤寿，当时顾鹤寿夫妇两个人都在东京，接到了郁达夫和王映霞的请柬以后，他们在约定的那一天去了酒店,然而发现,这一对结婚的夫妻根本没有在东京,于是写了一封信来问王映霞,王映霞便将事情的原因告诉了他们。除了他们两个之外,没有人知道郁达夫和王映霞没有去东京结婚。

而王映霞自己的记忆仿佛并不可靠,她在她的《王映霞自传》里又说未能去日本的原因,是由于郁达夫当时正在受到当局的威胁。她的回忆文字是这样的:"在我们将于日本东京上野精养轩举行婚礼的喜帖发出之后不久,达夫就接到了一个秘密的通知,说南京方面有人在计算他,要他马上避一避。去日本的轮船票早就买定了。我原想不顾一切,冒险东行,但达夫是胆怯的,他不但将船票立即退去,而且马上搬出了民厚南里,秘密租了一家郊区旅馆的房间,暂作他的避难所。连祖父也没晓得他住往何处去了。他自己,也只在深夜里,才偶尔出去散一回步。"

从火车站小旅馆回到民厚南里不久,郁达夫和王映霞在南京路的东亚饭店又摆了两桌筵席,算是婚宴,请了上海的亲友。

不过,郁达夫和王映霞不能去日本东京度婚假,他在给佐藤春夫的信里也是说明了的。三月九日,郁达夫给佐藤春夫写了一封信,开头便说:"佐藤先生:行色匆匆,即将出发前往日本。不料登轮前,因见疑于当局,恐一到长崎,不能上陆,旅行只得延期。兹有恳者:我曾有函件寄关口町府上,请费神在收到后加封转寄'上海赫德路嘉禾里一四四三号王宅'为感!"

这个地址上的 1443 号,便是王映霞的祖父新租的住处。在王映霞的《王映霞自传》一书里,她写的是 1442 号。嘉禾里是一个两排并列的弄堂,郁达夫和王映霞租住的是一个小的没有天井的东洋风格的房子,每一个月的租金是八元,而祖父王二南和王映霞的母亲租住的是后面的弄堂的有天井的石库门房子,每一个月的租金是十二元。

王映霞的祖父在上海住到了一九二九年,然后又回了杭州居住,所以,郁达夫和王映霞又搬到了后面的弄堂,也就是 1442 号。

王映霞说,刚结婚组成他们自己的小家庭的时候,郁达夫欠了不少的外债,最大的债主是三个人,其一是内山完造。郁达夫常到内山书店买书,有时没有钱了,就先将书拿走,记一个账本,时间久了,就欠了一笔不小的数目。还有一个是胡适。胡适本来和郁达夫是论敌,相互吵架的,因为一九二三年郁达夫北上,和徐志摩交好,渐渐地,和胡适也就解了恩怨。在上海期间,郁达夫常向胡适一次借一两百元。

王映霞和郁达夫刚结婚的时候,除了从北新书局催要一点版税以外,生活费不够的时候,还要靠典当娘家带来的首饰品。

结婚后最让王映霞为难的不是钱,钱不够了,毕竟还是郁达夫去想法子弄来。最让王映霞痛苦的是做饭。因为一直上学,毕业以后又外出工作,王映霞从来没有学会做家务。结婚后开始独立过日子,王映霞发了愁。煮饭,米放多少水放多少,她不知道啊。还有,他们一个炒菜的炉灶,上面可以同时煮饭和炒菜,王映霞每一次都手忙脚乱,不是菜炒煳了,就是饭煮得焦了。

每一次王映霞在厨房里忙个不停的时候,郁达夫还会过来帮倒忙,他很兴奋地写了一段自我感觉不错的句子,要对着王映霞读一遍,让王映霞评价一下。王映霞一心不能二用,听完郁达夫的文字,还没有来得及夸奖,菜又煳了。

除了做饭和做菜,王映霞最害怕的是拿着菜篮子去菜市买菜,既要抛头露面不说,有时候还要讨价还价,简直是从高高在上的公主一下跌落在人间的泥泞里。

恋爱时,她哪知道结婚以后还要做这些家务呢。

《王映霞自传》里的郁达夫也是有趣,虽然不会做,但是,很有理论。他不知从哪一本书上看到了一些做菜的方法论,于是,对王映霞说起来头头是道,像一个内行和高手一样。他对王映霞说,哪一道菜应该大火,哪一道菜应该烧几分钟的时间。王映霞本来就不太懂,按照郁达夫的方法一做,结果,不是菜没有做熟,生的,就是煮得太烂了,很难吃。

郁达夫发现,不交学费看来是不容易学会做菜了,于是带着王映霞到外面的餐馆去吃,每点一道菜,都和王映霞边吃边分析那道菜的做法。然后呢,回家自己去模仿,没有成功,就去那家饭馆里再点一次,直到王映霞掌握到了这道菜的做法。

然而,这样的学费交得实在是多,有一个月,郁达夫的稿费全用来吃饭馆了,王映霞便埋怨,说这样下去,我们家要吃破产了。

郁达夫说,我们现在是花了一些钱,但是,等你学到了手艺,然后,我们可以长时间不出去吃饭,自己买了原料自己加工,可以节省很多钱啊。

王映霞心疼这些学费,所以学得特别认真,有时候还要再问问那家店的老板,应该如何做,这样,学了一阵子之后,王映霞的厨艺大增。不但家常菜可以做得好吃,连郁达夫爱吃的日式的菜品也能做上几道。

王映霞不但学会了做菜,还学会了洗衣、缝纫。

"因此在我们家里,从不讲究穿着,只在饮食上多些钱。不这样,他的黄疸病和肺病,又怎么会好得起来?"王映霞在她的自传里这样写。

王映霞做菜的技艺好到什么程度呢,不但是可以做家常的菜,饭馆里面的菜,甚至,连《红楼梦》中的菜,她也能根据书里面的描述给做出来。所以,读书的人一旦爱起美食来,那么,必然会超出普通的厨子,那是因为,他们不仅仅是想要吃饱饭,还要做得有美感,甚至有诗意。

老婆的厨艺好了,郁达夫免不了想要喝上一杯。结婚以后,王映霞对郁达夫喝酒管得很严格。在家里的时候,郁达夫总还是听话的,因为酒在王映霞的手里,喝到一定的量,王映霞直接将酒没收了。

可是一旦外出吃饭，王映霞就管不了了。

关于郁达夫醉酒的故事，王映霞自传里记录了一次。有一次郁达夫的友人叫他外出洗浴，正是大雪天，王映霞有些担心。可是，她左等右等，郁达夫一直不回来。到了第二天黎明时分，家里的门被人一阵猛拍，王映霞起来开门，发现，是一个陌生人扶着满身冰雪的郁达夫。那个陌生人说，他看到在嘉禾里的马路上倒着一个人，慌忙扶他起来，一嘴的酒气，喝醉了。还好，能说出自己家的门牌号，那个人才将郁达夫送到了家门口。

这件事情，让王映霞十分恼火，一是恼恨他的朋友，酒醉得这样狠，不送到家里；再则是恨郁达夫，控制不住自己。王映霞将郁达夫裹在被子里养了一天，煮姜汤给他喝，又将他的棉衣拆了洗了，再缝上，左右忙活了一整天。所以，王映霞从此以后，给郁达夫的朋友下了一个通知：凡是有朋友邀他出去吃饭或喝酒，一定要求这个请他的朋友送郁达夫回家。否则，就给郁达夫下禁令，不许出门。

关于王映霞和郁达夫在上海的夫妻生活，郁风在《三叔达夫——一个真正的文人》里写过一段："王映霞给我的印象不像我想象那么年轻，说一口杭州话，很会应酬，口齿伶俐，开起玩笑来也绝不会吃亏。衣着打扮在我这个女学生看是少奶奶型，穿一双绣花鞋，紧身的旗袍，略施脂粉。当时就使我联想到王熙凤。这最初的印象与我后来的了解还是相符的。达夫生过一场大病，她尽心护侍,病后她每天炖野鸭、甲鱼给他吃,她的确很会烧菜,也很会管家,三叔的收入全靠零星稿费,很不稳定。过去他向来是钱一到手,不是买书就是请朋友喝酒,很快就花光了,如今全由王映霞管起来,酒也不许喝过量。也是她的主意,重新把出过的书编全集由北新书局重排出版,每月抽一定的版税,保证了固定收入。"

这一段文字,怎么看都是一种赞美和肯定。

作家唐弢曾经写过一篇回忆郁达夫的文字,在文章里,他赞美了王映霞的美:"映霞女士比他年轻得多,体态匀称,真所谓增之一分则太肥,减之一分则太瘦,两眼灼灼有神。不知怎的,我总觉得与其说她长得美,不如说她长得有风度,是一个举止大方、行动不凡的女人。难怪达夫先生一见倾心,如醉似痴,颠倒至于发狂的地步。我见到他们的时候,这对夫妻正过着婚后最幸福的生活,你怜我爱,形影不离。"

那天是鲁迅请客,所以,鲁迅的话很多。然而,因为鲁迅让大家喝的是黄酒,郁达夫喜欢喝,所以便喝得多了一点儿。王映霞一开始的时候,是用眼神来制止郁达夫,看郁达夫不理会她,王映霞便直接对鲁迅说,达夫近来身体不好,听从医生的嘱咐,不能喝酒过多。鲁迅听到王映霞给他下了禁酒令,只好不再让郁达夫喝酒。

郁达夫脸上露出不高兴的表情,于是旁边的陈子展在一旁笑着逗郁达夫开心说:"到底是医生的命令,还是太太的命令呢?"郁达夫只好苦笑。

于是王映霞在酒桌上,便向近座的唐弢讲了郁达夫的光荣的故事。他喝醉了酒,差一点冻死在街头,若不是有早起的人发现,并送了回来,极有可能就冻僵在街头了。有了这次经历之后,王映霞才处处防备着他喝醉。

郁达夫和王映霞的感情好,所以,他们第一个孩子生得便也早。

一九二八年的冬天,王映霞生了第一个孩子,郁达夫给孩子取名叫作"飞",小名取了出生的时间,小阳春。孩子出生以后,郁达夫为了照顾王映霞,不让她给孩子喂奶,所以找了一个奶妈。这样,家里便一下子多了两个人。

那一年王映霞才二十岁。

第二年的九月,王映霞又生了一个女儿。当时家里的开销渐渐增多,恰好,安庆的安徽大学,想要聘请郁达夫去做文学系的教授。商定好的月薪是每月三百四十元。这薪水还算有些吸引力。于是,郁达夫便答应去教半年试一下。

一九二九年九月十九日,郁达夫给北京的周作人写了一封信,这封信说了两件鲁迅的事情,一件他自己的事。两件鲁迅的事,一是和北新书局李小峰的官司,郁达夫是中间人,让鲁迅和李小峰这一对师生握手言和了。还有一件是鲁迅和林语堂酒桌上吵架的事情。说来有趣的是,这次吵架,鲁迅自己写了,林语堂也写了,郁达夫在回忆鲁迅的时候也写了,三个人写了三种不同的侧面。

在这封信里,郁达夫还向周作人澄清了一个关于他的传言,说是北京的燕京大学请他去做文学系的主任这事,并不是真的。他告诉周作人,过几天他要去安徽大学教书,这是真的。

然而,郁达夫到达安庆,还没有等到正式开学,一九二九年十月六日晚,郁达夫留学日本时的同学邓仲纯突然找到他的宿舍,对他说,因为人事更替,邀请他来教书的刘文典已经被罢免了校长,然后呢,安徽省新上任的教育厅长,将他列入赤色分子名单,准备加害于他。

郁达夫连行李都没有带,由邓仲纯陪着逃出安庆。

而郁达夫对自己的女儿却十分的讨厌,坚持要把这个女儿送人。

王映霞本来都已经和自己的祖父商量好了,让一个保姆带着女儿在杭州生活,等到了三岁的时候再把她带回到身边来。

可是郁达夫总觉得这个孩子哭闹,会影响到他的写作。几次和王映霞商量,最后王映霞拗不过郁达夫,就由着郁达夫抱到了松江,找了一个保姆收养。不到两岁的时候,他们的女儿生了病,没有看好,夭折了。

这个孩子如果一直养在他们身边,是不会夭折的。所以,王映霞写到这个女儿的时候还是很伤感的。

关于限制郁达夫喝酒，还发生过一件让王映霞伤心的事。是一九二九年夏天的事情，郁达夫的二哥郁养吾来到上海，到郁达夫家里做客。

郁达夫很开心，陪着哥哥喝几杯酒。

然而，可能是当着哥哥的面，王映霞说话的语气不太温柔。所以，郁达夫听了王映霞的话以后，没有和王映霞吵架，而是穿上衣服，摔门而去。

等了很久也没有回来，郁达夫的二哥和王映霞都觉得他有可能是出去买东西了。怎么说也要和二哥告别一下吧。

可是，一直等到第二天，郁达夫的二哥要回杭州了，郁达夫仍然没有回来。

到了晚上的时候，王映霞收到了一封电报，是郁达夫从宁波发过来的。原来这位老兄生气出门之后，到了码头随便买了一张船票，竟然到了宁波。任性要有资本才行啊。结果郁达夫一到宁波，钱包就被人偷走了。哈哈，本来是想生王映霞的气来着，结果，发电报又向王映霞求助。

王映霞当时手头没有钱，只好将结婚时她母亲送她的玉镯子给当了去，换了一百元钱，然后立即也买了船票去宁波。

等见到了郁达夫，才知道，他当时是生气王映霞当着他哥哥的面一点儿面子也不给他，让他在他哥哥面前丢了脸，所以很生气,就离家出走了。

还好,王映霞到了宁波以后,郁达夫带着她一起去游玩了普陀山。因为当时他的好友楼适夷在普陀山上的一个小庙里找到了住处,一时间不少作家前去找他游玩。

郁达夫在普陀山期间,依然是每一天都喝酒。

天气很热,有一次郁达夫一口气喝掉了六罐啤酒,把楼适夷吓坏了。由此可见,郁达夫还是有些酒量的。

郁达夫一九三〇年的时候给胡适写过一封信,是问他治疗痔疮的专科医生的地址的。结果,查了一下郁达夫全集的书信集,没有找到这封信。

然而,他很快便找到了这个潘医生。大概是胡适在他这里治疗过痔疮。

一九三〇年三月十六日,郁达夫在日记里写道:"早晨视患处,复出脓浆,管已结成了。一天不做事情。"

三月十七日,去北门内穿心街潘某处看痔病。痛得很,肿处已割破了。

三月十七日这一天,给周作人写了一封信,详细地介绍了他的痔疮,信如下:"启明先生:前函发后,已决定北行。但于启行之前,忽又发生了结核性痔漏。现在正在医治,北平是不能来了。"

写完这封信的第二天,又去潘医生那里,说是一百二十块钱,包治好。

得了痔疮这样一种不好意思向人说的病,却又是给胡适写信问医生的地址,又是给周作人写信说自己因为痔疮而不能北上了,这的确说明,郁达夫是一个不喜欢隐藏自己生活的人。

可是,因为他和鲁迅发起中国自由大同盟,而被官方通缉,所以,不敢出租界去看病了。没有办法,那潘医生只好到郁达夫的家里去看。好像还不止如此,在王映霞的自传里,王映霞为了给郁达夫治病,自学了当护士的一套技术。在郁达夫痔疮治疗的时候帮助给他换药。关于这一段,王映霞有简单的描述:"一九三○年二月中国自由大同盟成立,在发起人的宣言里,郁达夫第一个签名。在这以后,他和鲁迅等一起署名发表过不少主持正义等的宣言。正在这时,郁达夫患了严重的痔瘘。据老北门一个由胡适之介绍给他的医生的诊断,说非住院施手术不可。但从我们那时的经济条件来看,住医院是很困难的;并且又有朋友跑来通知,说租界上风声不稳,黑名单内有郁达夫的名字。于是我们立即设法对付,赶快把家中的有些书籍和重要文件,全都包好藏好,有的则转移到别处去。又在住所的附近,租下了一个小亭子间,让郁达夫独自一个移居到那里去,暂时隐藏起来。至于租住亭子间的理由,只说是为了乡间来了许多亲友,家中一时住不下。至于对家中的奶妈则说:'先生有病要开刀,去医院住比较方便。'这样的两面一布置,大家都非常相信。郁达夫搬到新居后,每顿给他送饭送菜的是我,每天陪伴他去老西门一位中医那里看病的也是我,有时我还得学做护士,为他敷药换绷带。家务和孩子,也不得不挂在心上。当时我虽然终日忙得无片刻余暇,但是我的心情是愉快的。"

孙百刚在《郁达夫外传》里,专门有一个章节来写郁达夫和王映霞的"美满家庭",他是一九三〇年夏天的时候到上海来看望郁达夫的,当时的孙百刚住在夏衍家里。

一九二九年,孙百刚的夫人杨掌华因病去世,郁达夫和王映霞听说了,给孙百刚发了一封很感伤的唁电。

所以,第二年孙百刚到了上海以后,按照礼节,到郁达夫家里回访一下,说说伤心事。

孙百刚笔下的郁达夫家里的摆设是这样的:"有一天下午,我跑上嘉禾里,看到弄堂虽狭窄,住户还相当整齐。达夫他们是一家独住,楼下是客堂间,墙上挂着一些字画。记得上首挂的是一副蔡孑民写的对联,是龚自珍的诗句,颇为适切:上联是'避席畏闻文字狱',下联是'著书都为稻粱谋'。"

王映霞当时正和孩子在一楼玩,看到孙百刚惊喜极了,她连忙喊楼上的郁达夫,让他下来接客。

孙百刚一看郁达夫就知道他婚后享了王映霞的福气,因为郁达夫变胖了。

孙百刚说郁达夫发福了。

郁达夫便说,刚刚病了一场,是虚胖。

孙百刚便学着郁达夫早些年说过的话,"发福也好,发浮也发了,都是生命的升华"。郁达夫记起了是自己当年说过的话,便笑了。

孙百刚和郁达夫、王映霞说了说他的夫人杨掌华是如何患的病,如何治疗的,以及如何不治而亡故的。王映霞听得直哭,因为她又想起了一路上从温州到上海时,孙夫人对她的照顾。

郁达夫怕王映霞一直哭,气氛太压抑,所以转移话题,和孙百刚开玩笑说:"我们不时在此提及你,映霞还预备给你做媒呢。她说你替她找了一位好丈夫,所以她也要给你寻个好夫人。"

郁达夫这样一自夸,王映霞立即嘲笑郁达夫吹牛,当着孙百刚的面和郁达夫相互打趣:"呸!好在什么地方?亏你老面皮说得出,我是哑子吃黄连,有苦自家知!"

孙百刚呢,半开玩笑地解他们的围,因为的确他曾经破坏过两个人的恋爱,就连两个人订婚宴请时,也是杨掌华在杭州参加的,而不是他孙百刚。所以,他说:"你们好也好,不好也好,反正不是我做的媒,即使要春梅酱,也春不到我身上。""春梅酱"是杭州方言,大概是要怪罪媒人的意思。

郁达夫依然在和王映霞开玩笑,他知道孙百刚在他追求王映霞的时候扮演了不光彩的角色,甚至直接在日记里将他骂了,也公开出版了,所以,孙百刚不好意思承认是他们的媒人,也是对的。然而,郁达夫此时当着孙百刚的面,不可能再翻旧账了,所以,继续玩笑着说:"话不是如此说,你虽没有做媒,但这段姻缘,总是由你玉成。没有你,她整天整夜提着灯笼,哪里去找像我这样的好男人呢?"

显然,郁达夫是因为觉得自己有些配不上王映霞,所以才如此当着外人的面开玩笑的。

王映霞此时没有明白丈夫的幽默,所以还是接着和郁达夫抬杠,说:"喔唷!肉麻当有趣,你自以为好透顶,我才不稀罕呢。"

还好孙百刚及时结束了他们相互埋怨的表达爱情的方式。

那一顿饭,王映霞准备得特别用心。她知道孙百刚的胃不好,专门去小菜市场买了新鲜的菜蔬给孙百刚做可口的菜肴。吃饭的时候,孙百刚大赞王映霞的手艺,王映霞便接着孙百刚的话自夸,说:"他是已经再世为人了。没有我,他的性命也丢了。"

孙百刚听人说了,郁达夫病了以后,多亏了王映霞细心的照顾和调理。

王映霞和孙百刚说她的付出,光从杭州她的母亲那里就拿来了十多只旱地鸭子,全都给郁达夫炖汤吃掉了。

孙百刚嘲笑郁达夫说,怪不得胖了,原来是填鸭似的吃胖了。

郁达夫矫情地说,害得我连小说都做不了了。

孙百刚表示理解,因为郁达夫原来的小说都是因为贫穷漂泊,现在呢,结婚以后的郁达夫,生活稳定,经济也富裕了,所以,再也写不出有漂泊感的小说了。

孙百刚这一次到郁达夫家里吃饭,所见到的,正是一九三〇年幸福的郁达夫和王映霞的日常细节。

然而,孙百刚所记忆的那幅蔡元培的书法,也可能是他记忆的错误,在郁达夫年谱长编里,郭文友备注的是一九三二年,蔡元培春天才给他写了这幅字。

一九三一年一月十七日,左联五个年轻人被捕,当时虽然已经脱离左联,但是鲁迅还是担心郁达夫的安全,在躲避时,鲁迅给李小峰写了一封信,并让李小峰转告郁达夫,注意隐居,保护好自己。

正是在这样的背景下,郁达夫某一天拿了家里五百元的存单,离家出走。

这一次离家,郁达夫除了到杭州,还回了一次富阳老家。

王映霞当时正怀着身孕,接到了她的表姐张幼青的信,说是看到郁达夫一个人回富阳老家了。王映霞便开始生气了。

当初结婚的时候,郁达夫承诺是要和孙荃一刀两断的,是要离婚的。然而,现在,郁达夫和王映霞结婚已经三年了,他和孙荃离婚的事情不说了。最重要的是,他竟然在生气的时候,拿着家里的钱回到了孙荃那里。

王映霞气得给她的母亲写了一封信,郁达夫当着王映霞的面给王映霞的母亲写了一封保证书。然后,王映霞的母亲又将这保证书给了郁达夫。

关于郁达夫回富阳这一件事情，王映霞晚年与一个叫黄世中的学者通信的时候，又专门说过一次这件事情。在《王映霞：关于郁达夫的心声》这部书里，王映霞向黄世中透露了，她和郁达夫在结婚之前，曾经有过三个约定。其一，即使不能和孙荃离婚，也不能再回富阳与孙荃同居。因为如果再回富阳同居，那么王映霞便成为郁达夫的小妾，这是王映霞无论如何也不能容忍的。其二，不能酗酒。其三，不能再找妓女。

郁达夫呢，回到家里以后才发现，这一次王映霞的生气，比以往都要大一些。所以，才有了接下来的版权的赠送。

一九三二年，一月，郁达夫和王映霞签了一个版权赠予协议，也是为了给王映霞一个安全感。因为，他之前拿了家里那五百元回富阳家里，对王映霞造成了很大的心理阴影。因为郁达夫从法律上并没有与孙荃离婚。所以，他的这一次回老家，让王映霞的内心里唯一的一种安全感也打破了。王映霞问郁达夫，我算什么？

郁达夫也是为了给王映霞一个安全感，决定将他目前已经出版的全集的作品的版权，转让给王映霞。一则是家里的开销一直是由王映霞来支配，再则是，这样王映霞就不用担心郁达夫将钱再送给孙荃了。

赠予版权的协议是找了律师和出版方来做见证的，具体的内容是这样的：

著作者愿将所著《寒灰集》、《鸡肋集》、《过去集》、《奇零集》、《敝帚集》、《薇蕨集》、《日记九种》、《迷羊》及译稿《小家之伍》等书版权及附属于各书之权益全部赠与王映霞氏。除与出版者重订新合同外，合将此旨证明各书三纸，以一致出版者，一存律师处，一交王映霞氏收藏为据。中华民国二十一年一月。

版权赠与人：郁达夫

证人律师：徐式昌

证人出版者：上海北新书局

被赠人：王映霞

这一年的二月，郁达夫的新小说《她是一个弱女子》出版。在这本书的扉页上，郁达夫写了一句献词：谨以此书，献给我最亲爱，最尊敬的映霞。

至少在这个时间段里，郁达夫对王映霞不但是恋爱着的，而且还是尊敬着的。

而王映霞本人对《她是一个弱女子》一书的出版，一直是持否定的态度，认为郁达夫是因为怀疑她和她的同学刘怀瑜有同性恋的关系，而故意写了这篇小说嘲笑她的。

一九三二年的秋天，郁达夫的肺病又犯了，所以，郁达夫决定去杭州小住,一则是去养病,二则想要写好一个小长篇小说,叫作《虿楼》。

十月五日,去杭州前一天的晚上,请鲁迅和柳亚子夫妇,以及他的大哥郁曼陀夫妇一起吃饭,还有林徽因。

这一顿著名的晚宴最重要的是产生了鲁迅先生的那首诗作《自嘲》,在写这首诗的时候,鲁迅特别注释了一下吃饭的人,以及请饭的人是郁达夫。他是这样注释的:"达夫赏饭,闲人打油,偷得半联,凑成一律。"这首诗的全文如下:"运交华盖欲何求,未敢翻身已碰头。破帽遮颜过闹市,漏船载酒泛中流。横眉冷对千夫指,俯首甘为孺子牛。躲进小楼成一统,管他冬夏与春秋。"

王映霞曾在自传里记录了这一顿饭,说郁达夫在吃饭时曾经开鲁迅的玩笑,说,你的华盖运该摆脱了吧。把鲁迅逗笑了。所以诗的开头才有"运交华盖"一句。

郁达夫从一九三二年的十月六日乘火车到杭州休养,十月十四日转到了西湖医院,住在了水明楼。一直住到了十二月初,才回上海。

这期间,郁达夫给王映霞写了三十余封信,有时候汇报他写作的进度,有时候自夸一下自己刚刚写好的文字是杰作。

一九三二年的十月十九日这一天,郁达夫便写了九千字,并对王映霞说,他的《迟桂花》这一篇,是杰作。二十日这一天,他写了七千字。可谓顺畅且开心。

不但写作,养病,还陪着王映霞的母亲去上了一次坟,十一月十八日,去拜祭了王二南和金冰孙的墓地。

一九三二年十一月十日,因为听说北新被查封了,所以有些担心他的一些书的版权和版税的收入。他给王映霞写了一封信。在信里,还专门谈到《她是一个弱女子》这本书的版权,如果能卖一千元,那么,他们将来可以到杭州来买一块地,或者房子。

这大概是他们后来决定移家到杭州的开始。

他们的婚姻到了一九三二年的年底,从郁达夫的日记和书信来看,至少是欢快的,是奋斗的,他是热爱着王映霞的。而至于王映霞内心里生出来的一些裂隙,可能是从郁达夫那一次回富阳开始的。

移家

王映霞不让郁达夫喝酒的事情,在文学圈里颇为著名,仅回忆文字里提到王映霞不让郁达夫喝酒的便有唐弢和孙百刚。

还有王映霞本人。

孙百刚在《郁达夫外传》里又一次写到了郁达夫酒醉冻倒在雪地里的事情,只是和唐弢以及王映霞的版本不同。孙百刚是这样写的:"其时到嘉禾里的客人不多,或系因房屋狭窄,弄堂湫隘,映霞不愿意让客气的客人光临。有极熟的朋友去,总是由映霞自己做几样菜在家中吃。等达夫喝酒到六七分光景,映霞便不再供应酒了。据映霞说:在初婚的那几年,达夫的野气还未曾琢磨净尽的时候,有一年冬天大雪夜,不知哪几位朋友拖了达夫出去吃酒。映霞一直等到半夜两三点钟,达夫还没有回家,这是她和达夫婚后所绝无仅有的。等映霞一觉醒来,天已蒙(蒙)亮,雪已停止,寒气彻骨。映霞放心不下,起身出门,想到弄口去探望一下。不料开门出去,走不到几步,就望见有个人穿着皮大衣,缩做一团,卧在雪中。映霞三脚两步,跑上前去一看,果然是达夫倒在地上,正呼呼入睡,晓梦方浓。她这一惊非同小可,赶忙连推带摇地唤醒达夫,好容易搀扶他回家,一件皮大衣上面已经坚冰片片了。直到下午他才神智清醒,想起昨天夜里朋友用汽车送他回家下车时,还半迷不醒地和朋友告别的。不料踉跄走进弄堂,受着一口冷风,就颓然醉倒在地。自此以后,达夫便受映霞的酒禁了。"

这个故事显然和王映霞自传里陌生人将郁达夫送回来略有区别。可能是王映霞在表述的时候,故意说错的版本,因为,对外人说的时候,是自己救了回来,便显得更为严重。但可以肯定的是,郁达夫酒醉后在雪地里睡了一晚,这个事实是有的。

郁达夫和王映霞准备迁往杭州居住,其实是在一九三二年郁达夫在杭州西湖医院养病写作的时候,便有了这样的念头。

一九三二年十月十七日郁达夫给王映霞的信里,曾暂时要王映霞先不给孙荃转汇那五十元钱。在这封信里,郁达夫对王映霞说完不让汇款以后,还顺便提了一句:"若弄不到钱,则率性连这四五百元,都一并抹杀不提,我们迁移他处。"这是郁达夫在书信里第一次提到迁移字眼。这说明,他和王映霞在生活中讨论过。

然而过了几天,十月二十四日,又写信给王映霞,很生气的样子,说是他在去浙江大学图书馆的路上看到了一个女人的背影和孙荃很像,和一个年轻的男人亲密地走在一起。所以,在信里,他和王映霞商议,杭州不适合做迁移之地,意思是离孙荃太近了。信里他是这样写的:"他们是常来杭州的无疑,所以我们要迁居异地的话,杭州是不适当的,总以他省之交通不甚便利者为第一。"不过,过了几天,他还专门写信问了一下他的二哥养吾,才知道,他看错了,孙荃并没有出过门。

一九三二年的时候,郁达夫的稿酬标准颇高。比如,在十月三十一日给王映霞的信里写道,他给刘大杰投稿,稿酬的标准是一千字六元至七元。要知道,那时候,他们在上海租的房子,一个月的租金才八元。真是不可想象,我们现在一个作家写一篇千字文发表,能抵得上一个月的房租吗?差得太远了,尤其是在上海。

十一月十日晚上,郁达夫又在书信里和王映霞说到稿酬的事情,原来他的那本《她是一个弱女子》大概可以卖到一千二百元的版税。在信里,郁达夫说:"洪若有信来,则《弱女子》落得卖去,有一千二百元也可以了,最低不得比一千元少。这钱卖了,可以到杭州来买地皮或房子。"

十一月二十一日给王映霞写信时又提到友人杨郁生想约他一起去乍浦游玩,他打算去看一看,若可能的话,当去买点地皮。乍浦属于嘉兴的地域,离杭州还有一些距离。所以,郁达夫和王映霞在关于迁移至哪里,还没有商定好。

孙百刚在《郁达夫外传》里最早说明郁达夫移家杭州的原因,

他是这样写的:"大约在一九三三年初,阴历过年时,有一次我上嘉禾里去,他们正在谈论到杭州租房子,全家搬去的事情。看来映霞对此事十分起劲,兴致颇浓,达夫却并不怎么热心,不过助助映霞的兴罢了。他们向我征求意见,我直觉地表示不赞成。我是好静恶动,安土重迁的人。我觉得这几年他们住在嘉禾里生活过得相当安定,好端端的何必要大动干戈,举家迁杭呢。据映霞说的移家理由:一是孩子们渐渐长大起来,无论小学或中学,杭州的学校比上海的办得好,为了孩子们的教育,应该迁杭;二是那几年上海生活,渐有高涨之势,家庭开支,杭州比上海便宜。同时,达夫的创作量,日渐减少,原先的几本集子年长日久,销路亦滞。北新书局送来的版税不及开始几年的多。一面开支日增,一面收入渐减,负有调度经济之责的映霞,当然要早作退路,未雨绸缪。"

孙百刚基本上将王映霞当时的真实的想法,全都记录了。的确,他们正是因经济上的困窘和孩子们接下来要上学的需要,双重的思考,而决定移家杭州的。

郁达夫和王映霞的组合中,虽然挣钱的是郁达夫,然而,家里的事情,做主的大多是王映霞,比如这一次最为重大的决定,正如孙百刚所说,王映霞很起劲儿,而郁达夫呢,只是捧场。

夫妻关系中,被爱的那一方,总是有主动权的。

王映霞在自传里写到了她为什么想要回杭州居住:"我和郁达夫,都认为唯一符合我们生活上、经济上、愿望上的去处,是坐四个小时火车即能到达的杭州,在从来不关心政治的我的胸怀里,认为杭州是我出生、入学、长大的家乡,有我母亲故旧、同学朋友,想象中的最好去处,可以作为我的终老之乡。"

而当时杭州的物价和各项费用,不过是上海的一半,如果郁达夫的稿酬不变化的话,在上海生活会有些吃力,而在杭州则会过得富裕多了。

王映霞写道:当时我们商量决定后,马上写信去托了在杭州的友人徐葆炎。没有多久,他就为我们介绍了杭州大学路场官弄内的一所旧式房子,门牌是六十三号,在一个庵堂的隔壁。我立刻写信去,托他租定了下来。

郁达夫搬家之前,鲁迅曾请他和一群友人吃了一顿饭,是给郁达夫饯行的。但是鲁迅是不支持郁达夫搬家的,他还给郁达夫写了一首著名的诗,叫作《阻郁达夫移家杭州》。好玩,像两个要好的孩子,不舍得分开。

诗发表的时候郁达夫已经移到了杭州半年,故而,当时鲁迅请的这一顿饭,估计就是难舍难分的。

一九三三年四月二十二日晚上,鲁迅在上海的知味观设宴,请了郁达夫、茅盾、黎烈文、姚克等。第二天,郁达夫又专门到鲁迅家里辞行,结果郁达夫去得早了,鲁迅在睡觉,没有醒,郁达夫留了一个字条后离开。

一九三三年的四月二十五日,郁达夫举家迁移到了杭州的场官弄六十三号。

这一天,郁达夫在日记里写道:"一九三三年四月廿五(阴历四月初一),星期二。晨五点起床,窗外下着蒙蒙的时雨,料理行李等件,赶赴北站,衣帽尽湿。携女人儿子及一仆妇登车,在不断的雨丝中,向西进发。野景正妍,除白桃花,菜花,棋盘花外,田野里只一片嫩绿,浅淡尚带鹅黄。此番因自上海移居杭州,故行李较多,视孟东野稍为富有,沿途上落,被无产同胞的搬运夫,敲刮去了不少。午后一点到杭州城站,雨势正盛,在车上蒸干衣帽,又溶溶湿矣。"

因为常作诗,郁达夫自比孟郊,所以,觉得比孟郊还是富有一些。

搬家的时候,王映霞已经有了近九个月的身孕,肚子很大,搬到杭州一个多月后的六月六日,王映霞为郁达夫生下了第五个孩子,第四个儿子。因为女儿被郁达夫送人后夭折,所以,王映霞生的是他们的第四个儿子。

鲁迅的那首著名的诗创作于一九三三年的十二月,他是这样写的:"钱王登假仍如在,伍想随波不可寻。平楚日和憎健翮,小山香满蔽高岑。坟坛冷落将军岳,梅鹤凄凉处士林。何似举家游旷远,风波浩荡足行吟。"

这首诗的重点大概是在最后两句,移家到杭州去住,也逃离不了浙江军政府的干预。不如喜欢旅行了,就带着全家到旷远的地方旅行一下,也足够你边行走边吟诗了。

全诗的意思大体是,住在上海虽然成本要高一些,但是,比杭州还是要信息发达一些,做文章出版都方便一些。

然而,郁达夫不过是迁就了王映霞的内心愿望。还是孙百刚在《郁达夫别传》里说的那句,王映霞很起劲,而郁达夫是捧场。

搬到杭州还是有杭州的好处,比如,王映霞生产了,她的母亲刚好住在了一起,照顾起王映霞来很方便。

然而,不方便的地方是,郁达夫写作的安静的环境没有了。

于是,郁达夫便又开始想着造一个院子,这样的话,他便可以住在一个专门的厢房里,做书房。郁达夫在《住所的话》这一篇散文里写到了中年人的院落情节,他写道:"这一种好游旅,喜飘泊的情性,近年来渐渐地减了;连有必要的事情,非得上北平上海去一次不可的时候,都一天天地拖延下去,只想不改常态,在家吃点精致的菜,喝点芳醇的酒,睡睡午觉,看看闲书,不愿意将行动和平时有所移易;总之是懒得动。"

懒得动,便是想要建一个自己的宅院的开始吧。

郁达夫在住家的问题上是思考过的,如果是他一个人,他喜欢乡村居住的环境,然而毕竟还有孩子的教育呢,以及家人买菜是不是方便,还有孩子们玩耍的地方、学校等现实的问题,逼着他改变了居住思路,所以,他觉得成了家,自然还是住在城市里好。

郁达夫对杭州这个城市的位置是满意的,他这样写杭州:"杭州这一个地方,有山有湖,还有文明的利器,儿童的学校,去上海也只有四个钟头的火车路程,住家原没有什么不合适。可是杭州一般的建筑物,实在太差,简直可以说没有一间合乎理想的住宅,旧式的房子呢,往往没有院子,顶多顶多也不过有一堆不大有意义的假山,和一条其实是只能产生蚊子的鱼池。所谓新式的房子呢,更加恶劣了,完全是上海弄堂洋房的抄袭……而大抵的杭州住宅,都没有浴室的设备,公共浴池呢,又觉得不卫生而价贵。"

这便是他对杭州满意的地方和不满意的地方。不满意的地方就是指杭州的建筑。

所以,搬到杭州以后,郁达夫和王映霞便做准备买地皮,自己建造符合他们的生活愿望的房子了。在这篇《住所的话》里,郁达夫甚至连他建造一个院子的预算都写了出来。

他对院子的整体设想是这样的:"自从迁到杭州来住后,对于住所的问题,更觉得切身地感到了。地皮不必太大,只教有半亩之宫,一亩之隙,就可以满足。房子亦不必太讲究,只须有一处可以登高望远的高楼,三间平屋就对。但是图书室,浴室,猫狗小舍,儿童游嬉之处,灶房,却不得不备。房子的四周,一定要有阔一点的回廊;房子的内部,更需要亮一点的光线。此外是四周的树木和院子里的草地了,草地中间的走路,总要用白沙来铺才好。四面若有邻舍的高墙,当然要种些爬山虎以掩去墙头,若系旷地,只须植一道矮矮的木栅,用墨色一涂就可以将就。门窗当一例以厚玻璃来做，屋瓦应先钉上铅皮，然后再覆以茅草。"

从这一段描述来看，应该是他在东京居住的院子的模样，也有中国旧式官员府邸的阔大和人性。

这篇文章里，郁达夫写出了造价的预算，地皮要两千元，而建筑房屋大概要四千元。现在他的地皮有了。建筑房屋的钱还没有。郁达夫在文章里玩笑地说他戒了烟，将买烟的钱全用来买彩票，结果可好，一次也没有中奖。

郁达夫骨子里是一个非常幽默的人，比如，当年，他请沈从文吃完饭以后，回到自己的住处，给沈从文写了一封公开信，他给沈从文的建议竟然是去做小偷，甚至说，如果偷不到别人，可以偷他。只是他比较穷。

而在《住所的话》这篇文章里，郁达夫说，他买彩票没有中奖，又很穷，怎么办呢。他的朋友给了他三个建议，其一是发自己的讣闻，就是说自己死了；其二呢，是做寿，赚别人的红包；其三呢，是兜会。这是一句方言，大意是大家集资。

然而郁达夫自己想出的法子是买了芥子园，准备画画，意思是，卖画去。实在卖不动画，就画几个房子，看着也开心。

画房充饥，也实在是可乐。

搬到杭州近一个月的时候，郁达夫写了一篇小说《迟暮》，小说的第二段是这样写的："杭州本来是林旭他们的本土本乡，饮食起居的日用之类，究竟要比上海便宜得多。林旭在表面上虽则在说,对于都市生活,真觉得是厌倦极了,只想上一处清静点的地方去读读书,写写东西,但其实,这一次的迁居的主要动机,还是因为经济上的压迫。"

经济上的考虑,至少是他们夫妻两个多次讨论过的。有意思的是这篇小说里的人物的名字,林旭的旭字,是王映霞的名字,王映霞的名字叫王旭,映霞这两个字是她的号。而林旭的妻子在小说里叫汪宝琴。而王映霞的原名叫作"金宝琴"。郁达夫又是写给王映霞看的。

杭州离上海毕竟是方便,所以郁达夫在杭州住得寂寞了,便会到上海找鲁迅去喝一次酒。六月份,郁达夫到上海去做了几场演讲,八月份呢,鲁迅和傅东华吵架,郁达夫又去上海,做了一次和事佬。

这一年暑假的时候,郁达夫答应了之江大学的一门比较文学课,一直教到了年底。

一九三三年的十一月九日,郁达夫应浙江铁路局的邀请,坐上了首次通车的火车,游览了浙江的东部,写了无数篇的游记。孙百刚称他在那一个时间段内是游记作家。

还别说,郁达夫写的游记自然是出色的,所以到了第二年的春天,一九三四年的三月底,又有人邀请他去游玩,是东南五省的周览会,相当于现在的东南五省的旅游局。

然而这样的旅行,毕竟只能是他一个人前往,他的游玩引起了王映霞不满，那么好了，一九三四年的盛夏的时候，因为青岛的汪静之写信邀请郁达夫有时间去度假，所以，郁达夫带着王映霞和长子郁飞，一起到了青岛旅行。

七月十二日晚上，汪静之来接郁达夫一家，于是，他们从上海的码头坐船第二天一早抵达青岛。

他们在青岛完整游玩了一个月，八月十二日乘火车到了济南。匆忙地逛了一下大明湖之后，八月十四日便到了北京。

到北京的第四天，他写下了那篇非常著名的《故都的秋》。

在北京期间，郁达夫遇到了孙百刚。这是王映霞第一次到北京来，所以，王映霞是欢喜的。

这期间，孙百刚还和郁达夫、王映霞一起到北戴河去玩了几天。

这一年的冬天，孙百刚又娶了一个叫纪瑞的女人为妻。结婚之前，孙百刚曾经带着未婚的纪瑞去杭州拜访过郁达夫和王映霞。

正是孙百刚的这一次去杭州，促成了郁达夫在杭州买地造屋。

孙百刚拜访过郁达夫之后，第二天，郁达夫便和王映霞一起又到孙百刚的住处去回访。巧合的是，孙百刚当时的住处正好有其他友人在。当时浙江省救济院的沈太素也在。

沈太素刚刚接手浙江省救济院，正在整理救济院的资产。因为救济院当时在西湖的边上有好几处义冢。沈太素想将这些义冢集中整理,埋在一处,这样可以腾出几块地来出售,然后接下来好有一些资金做其他事情。

这件事情王映霞听到了,很感兴趣。

孙百刚在《郁达夫外传》里是这样记录这一段细节的:"太素当时在办省立救济院。救济院的组织是继承以前的同善堂而加以扩大的。那时候他正在进行整理院产的计划。原来同善堂有不少地产,包括沿西湖边上许多义冢地在内。他预备将义冢的枯骨集体瘗埋,再把沿湖的地皮出售,以所得款项,充裕省库。同时在清泰门外,建造平民住宅若干幢。这计划的原则当然不坏,然而却招来不少的非难。这天大家正在谈论此事,刚巧达夫、映霞跑来。我替太素介绍后,映霞似乎对太素所说的出卖救济院地产一事,颇感兴趣,孜孜不休地向太素询问详情。后来太素和其他客人陆续散去,映霞对我说:'请你明后天去沈先生那里问一声:我们场官弄有一所废庵,大约有两亩光景地皮,听说是救济院的产业,我想买它下来,可否请他帮忙。'"

孙百刚觉得买一个寺庙的旧地皮,仿佛不太好,所以不理解王映霞为什么会如此上心这件事。

王映霞向他解释说,他们在这里住了一年了,很喜欢旁边这个废庵的这块地皮,它是长方形的,完整的一块。四面的围墙还都在,也算是界限分明。地面也很平整。如果买下来的话,再重新修建房屋会很省力气,只要拆掉废庵,便可以立即着手盖房子了。

没有过几天,一九三五年一月初,孙百刚和纪瑞在上海虹口的新亚旅馆办了婚礼,郁达夫和王映霞专门从杭州坐火车过来吃喜酒。王映霞高兴地对孙百刚说:"孙先生,真是谢谢你!我已经去看过沈先生两三次了。那块庵基确是救济院院产。面积有老亩两亩零,新亩只有一亩八九分光景。沈先生答应设法卖给我们,或者以其他地皮去交换。不过要经过省政府会议通过。省政府方面以我们的关系去说,是绝无问题的。所以此事大约十分之八九拿得稳了。"

王映霞之所以如此开心,是因为她每天早晨起来梳头的时候,都看到窗外的这个院子。这个院子的格局,非常符合王映霞对自己未来的家的设计。她就天天地想着,如果有一天将这个院子买下来,盖上五间并排的开间平房,在前后左右的空地上,种上花草树木,在花园的一个角落里,专门给郁达夫再造两间书房。王映霞做梦也想不到,孙百刚去了一次杭州,便让她的梦想实现了。所以,这一次孙百刚的二婚,她和郁达夫无论如何也要专门赶过来致谢。

一九三五年十一月十九日,郁达夫在自己的日记里第一次写下了"风雨茅庐"。他是这样记录的:"场官弄,大约要变成我的永住之地了,因为一所避风雨的茅庐,刚在盖屋栋;不出两月,油漆

228

干后,是要搬进去定住的。住屋三间,书室两间,地虽则小,房屋虽则简陋到了万分,但一经自己所占有,就也觉得分外的可爱;实在东挪西借,在这一年之中,为买地买砖,买石买木,而费去的心血,真正可观。今年下半年的工作全无,一半也因为要造这屋的缘故。现在好了,造也造得差不多了,应该付的钱,也付到了百分之七八十,大约明年三月,总可以如愿地迁入自己的屋里去居住。所最关心的,就是因造这屋而负在身上的那一笔大债。虽则利息可以不出,而偿还的期限,也可以随我,但要想还出这四千块钱的大债,却非得同巴尔扎克或司考得一样,日夜的来作苦工不可。人是不喜欢平稳度日的动物,我的要造此屋,弄得自己精疲力竭,原因大约也就在此。自寻烦恼,再从烦恼里取一点点慰安,人的一生便如此地过去了。”

王映霞原本的计划是并排的五间平房,外加花园边上的两间书房。按理说,地皮买下来以后,郁达夫是不会干预王映霞的计划的。

然而为什么到了盖房的时候,却变了格局。郁达夫在他的散文《记风雨茅庐》一文里说出了缘由,竟然是,他们两夫妻找人看了风水。这也是有趣。

连废庵这样的地皮都敢买的人,却在建房的时候又迷信起来,也算是文学家的范儿,想起一出是一出。是郁达夫的一个亲戚给他找的风水大师。他这样写的:“更奇怪的,是他们所说的这一位具有通天入地眼的奇迹创造者,也是同我们一样,读过AB-CD,演过代数几何,受过现代高等教育的学校毕业生。经这位亲戚的一介绍,经我的一相信,当初的计划,就变了卦,茅庐变作了瓦屋,五开间的一排营房似的平居,拆作了三开间两开间的两座小蜗庐。中间又起了一座墙,墙上更挖了一个洞;住屋的两旁,也添了许多间的无名的小房间。这么的一来,房屋原多了不少,可同时债台也已经筑得比我的风火围墙还高了几尺。"

孙百刚大抵是风雨茅庐的第一批参观者。他们夫妻俩在一九三六年初刚从北京回到杭州,便接到了王映霞的邀请。自然,王映霞还是要再感谢一次,毕竟,没有孙百刚的从中牵线,也许,这块地他们就买不了。

孙百刚对风雨茅庐的印象还是挺豪华的,他的笔下的感受是这样的:"到门口一看,气势相当豪华。两扇大铁门敞开着,一条水泥铺道一直通进去。如果坐汽车去,可以直到正屋前下车。"

马君武给他们题写的"风雨茅庐"的牌匾,客厅里挂的是鲁迅给他们夫妻写的那首诗,因为鲁迅是用四张虎皮笺写的,所以被王映霞用乌木装裱了四个框挂在了中客厅的中间位置。

院子很大,还有一个别院是郁达夫的书房,三面墙全部做满了高大的书架,放着郁达夫的六七千册英文、德文、日文的原著图书。甚至,连孩子们玩游戏,都有一个专门的房间。

可能实在太气派了,孙百刚的续妻纪瑞问王映霞,大概花了多少钱,王映霞说,前前后后,有两万光景。两万元,如果折算成现在的人民币,差不多一千万元。

自然是一个豪宅。

风雨茅庐没有建成之前,他们家里还发生过两件事情。一件是一九三四年的秋天,当时正在北京旅行的王映霞和郁达夫接到了家里的电报,说是三儿子郁亮病了。等他们回到杭州,病已经从肺炎转成了脑膜炎。是郁达夫留日同学钱潮帮他们诊治的,只是当时的杭州买不到治疗脑膜炎用的药物,所以,郁达夫和王映霞的第三个儿子不治而亡。

郁达夫不但给这个孩子写了一篇纪念的散文叫《记耀春之殇》,还给他写了六首诗作。

另外一件是一九三五年的秋天,郁达夫和王映霞及孩子回到了富阳老家,给郁达夫的母亲拜寿。这一次三兄弟第一次聚齐了给母亲拜寿,同时,也是王映霞第一次和孙荃见面。

在上海的时候,郁达夫逛逛书店,写写文章,和鲁迅吃吃饭,以及到其他地方旅行一下。回到杭州之后,郁达夫成为当地的名流,所接触与交际的圈子发生了巨大的变化。

看郁达夫的日记,发现,和王映霞结婚以后,郁达夫差不多成为一个宠妻狂人。他不再去那些风月场所,不再交其他的女人。他几乎做到了一个好男人的全部——钱交给王映霞,出门的时候,也只想念王映霞。

在上海期间的王映霞,才二十岁,被郁达夫情书里的好词好句打动,即使是结了婚生了孩子,从内心里,她其实也还是一个小女生。

然而,真正让王映霞变化了的,是迁移到杭州以后。

郁达夫到了杭州之后,和杭州的市长周企虞,以及公安局长赵龙文均有诗歌上的交会。而这些人呢,又带来其他一些官员。

又因为后来,王映霞想要购买旁边的地皮,更是有意地与这些官员们相交。所以,导致的是,郁达夫家里的外交事务渐渐地从郁达夫本人过渡到了王映霞主持。

在孙百刚第一次去风雨茅庐参观的时候,王映霞随口便说出来了一堆名字,比如他们家非常气派的一对大铁门,便是当时杭州市的市长周企虞赠送的。

孙百刚在《郁达夫外传》中是这样记录王映霞的介绍的:"'有不少东西都是别人送的:两扇大铁门和各处种的花木是周市长送的。'她接下来去说赵龙文送什么什么,朱惠清送什么什么……一大串,我也记不清楚。不过所说的人都是当时现任官吏或社会名流。我心中想:达夫他们在杭州住了不上几年,何以尽和官场交游。这时我脑海中浮起了达夫的名士型的掠影。"

那一年孙百刚对王映霞的印象大变,因为孙百刚是看着王映霞长大的,初次见她的时候,孙百刚与第一任妻子杨掌华新婚,而王映霞当时不过十八岁,是一个天真烂漫的小姑娘。那是一九二六年的事情。

转眼十年，一九三六年，孙百刚对王映霞印象变了，他是这样感受的："达夫不在时，除出那次正式的吃饭外，不过去过一两次。映霞有时候虽来我家，我亦很少遇到，她和纪瑞闲谈一阵也就走了。所以此一时期，我们虽同在杭州，她的生活情形我却知道得很少。但她的生活派头，显然和嘉禾里时代有所不同。似乎从前是蓬门碧玉，现在成为大家闺秀了。我想：他们历年积储，为数不大，经过此番营造，不致有余。决不是因为有钱，使她生活改变，实是由于环境使然。从前他们在上海所交游的无非是文人书匠，彼此生活，大同小异。但自从达夫到杭州后，当地官场人士，慕达夫的文名，多乐与过从。达夫对当地建设亦间有揄扬。正当万事重宣传的时代，官场和文人的交游，彼此有相得益彰之用。"

王映霞从管理郁达夫的家事，渐渐地从内向外，也开始代替郁达夫做一些社交工作。而这些变化，让王映霞渐渐地意识到了她的价值，远远不止只围着郁达夫一个人转。

孙百刚敏感的觉察，确实写出了王映霞的变化。

王映霞显然变得越来越强势。尽管这个家里的钱，都是郁达夫挣来的，然而，迁到杭州的意念是因为王映霞而起，孙百刚虽然说是郁达夫的朋友，可是，孙氏夫妇最早是王映霞的亲友团，这块地皮因为孙百刚的帮助而拿下，所以，这份功劳王映霞也认为是她的。

所以,在建筑风雨茅庐的时候,才会要求郁达夫同意给她建一个"王旭界"的界碑。这便是为了以后如果感情有变化,那么,分家有依据。

可惜的是,郁达夫为了这座风雨茅庐借了不少的钱,出了不少的力气。他还没有等彻底建好,搬家住进去,便离开了杭州到福州工作。

而这一次的分离,便是导致他们两个人婚变的开始。

下部

毁家纪事

流言

一九三六年二月二日，郁达夫开始写他的《闽游日记》，日记里，他如实记录，他是和王映霞吵着架离开杭州的。原因是王映霞想催郁达夫早一点去福州。

郁达夫并不是不想去福州，是因为他还有几篇稿子的任务没有完成。

事情是一九三六年的一月十五日，福建的陈仪给郁达夫写了一封信，问他愿不愿意去福建旅行一下，或者是在那里找份适合他的工作。

陈仪和鲁迅关系极好，也是鲁迅认识的人中做官做得较大的，是福建省的主席。

而郁达夫接到陈仪的邀请的时候，正在忙着接待罗贡华、戴笠和钱大均。罗贡华是郁达夫留日时的同学，而当时罗贡华是蒋

237

介石的秘书。

一直到了蒋介石离开杭州,郁达夫才回复了陈仪的信,说是过了春节后便南行去福建。然而过了年之后,郁达夫还有一些稿件没有完成,所以一直拖着。王映霞大抵是了解郁达夫的脾气的,觉得这些年来,他越来越喜欢这种稳定而安静的生活,不喜欢漂泊了,所以,他略有一些抵触。如果不逼着他出门,郁达夫可能还要再拖一阵子。

王映霞决定亲自送郁达夫出门,她想送郁达夫到上海,顺便看着他亲自上船。

然而,郁达夫最后也同意了王映霞的意见,立即起身去福建,但是他不想王映霞像是押解犯人一样的去送他,拒绝了王映霞送他。所以才吵了架。

王映霞在她的自传里也写到了这一点,她写得更有细节:"一九三六年二月二日(旧历正月初十),我为郁达夫准备好川资行装等,郁达夫预备乘早车到上海,然后再换船南行。他的脾气和作风我是想得到的。为了他这次出门,我们曾争论过一些时候。这还是移居杭州后的第一次。他临行的前一晚,我提出了打算陪他到上海,亲自送他上靖安轮船的要求,因为我怕他到了上海之后,若不马上上船的话,则他身边的旅费将会无计划地用完。但他对于我的提议却不同意。他认为,我匆忙间的一趟来去,劳神而又伤财。双方的出发点都不坏,但是闹却闹了一夜,争执了一夜。

谁也不让谁,大家坐到天明。看看开车的时间将到,才决定了让他一个人走。"

那时的郁达夫在中国影响极大,福建的报纸报道了郁达夫抵达福州的消息,半天之内,有三十九个人去拜访了郁达夫。

一九三六年二月四日到达福州,二月六日,陈仪见了郁达夫,告诉他想让他做福建省政府的参议,月薪三百元。

郁达夫在福州,和鲁迅在厦门一样,过足了名人的瘾。演讲,吃饭,签名写条幅。然而,钱依然是不够用的。日记里,二月九日的时候,还要借一个朋友的钱。

一九三六年的郁达夫是深爱着王映霞的,这一点从二月二十八日的日记可以看到证据:"午前在家,复见了几班来客,更为写字题诗五幅。接到自杭州寄来之包裹,即作复信一。……晚上,独坐无聊,更作霞信,对她的思慕,如在初恋时期,真也不知是什么原因。"

而在郁达夫想念王映霞的时候,在回信里自然表达了对王映霞的思念。王映霞为人倒也单纯,所以收到信以后,就想去福州看望郁达夫。

那时节,郁达夫对王映霞是无比的信任的,所以,他觉得过不久,他可能要回杭州,所以,不赞同王映霞此时过来。

三月五日的日记里,他这样写:"昨晚在东街喝得微醉,接到了一封霞的航空信,说她马上来福州了;即去打了一个电报,止住她来。因这事半夜不睡,犹如出发之前的一夜也。今晨早起,更为此事而不快了半天;本来想去省府办一点事,但终不果,就因她的要来,而变成消极,打算马上辞职,仍回杭州去。"

第二天又打了一个电报,仍然是不让王映霞来。

第三天还在埋怨王映霞因为想来福州,让他没有心思完成一篇文章,从而少了五十元的稿酬。他在日记这样埋怨王映霞,"女子太能干,有时也会成祸水"。

这个时候,郁达夫不知为什么,不愿意王映霞前来,可能更多的原因在于经济上的考虑。

而王映霞想去福州的原因,是想给他的弟弟双庆找份工作。果然过了不久,双庆便到了福州。郁达夫为双庆的事情忙活了两天以后,终于在三月十八日有了眉目,双庆可以到福建省银行做助理员,月薪十五元,膳宿费十二元,一个月可以拿二十七元。

一九三六年四月一日,在日记里写他的痛苦的主要原因是不能和王映霞天天见面。四月二日,郁达夫给王映霞写信,说福建财政困难,连续三个月发不出工资了。

四月十四日的日记里写道:"近来身体不佳,时思杭州之霞与小儿女!'身多疾病思回里',古人的诗实在有见地之至。"

这是他又一次想念王映霞。

四月二十日,他们的风雨茅庐已经彻底建好了,郁达夫决定回杭州看一下,所以,在四月二十日坐船返杭州。这一天的日记里,郁达夫是欢喜的:"三月不见霞君,此行又如初恋时期,上杭州去和她相会时的情形一样,心里颇感得许多牢落也。"

而此时王映霞正怀着他们的第五个孩子,郁荀。

王映霞在她的自传里写到了这个孩子,她是这样写的:"一九三六年中秋节前两天,我在杭州分娩,这是我们的第五个孩子。郁达夫得到消息后来电报,说取名叫'荀',小名建春。这孩子生下地来就体格健壮,食量大极。在杭州找不到适当的奶妈,亏得富阳郁达夫的老母亲,替我们找了一个,叫人送到杭州。顺便还送来一盒东北的人参,说是叫我在产后服用的。"

一九三六年十一月十一日,郁达夫怀着秘密接郭沫若回国的任务到了日本。在表面上,他是应日本的社团和学校邀请去的,还有一个任务,是顺便替福建省政府买一台印刷机。

关于这一次的日本之行,小田岳夫专门写过一篇《关于郁达夫的回忆》,因为是小田岳夫去车站接的郁达夫。

小田岳夫在《郁达夫传》里专门写到了这一次郁达夫到日本时的一个细节,十分重要,简直可以当作一个评价郁达夫对王映霞感情的标准。那便是小田岳夫问郁达夫,到东京以后没有逛过妓院吗?小田岳夫是这样写郁达夫的回答的:"他犹豫了一下没有马上回答,脸上马上露出微微的苦笑,后来才似自言自语地说:'不行啊,内人不答应……'"

这是一九三六年的岁末,郁达夫与王映霞已经结婚近十年,且生育了五个孩子。然而，从感情上来说，郁达夫是忠贞的。这几乎是一种十分投入的爱情，才可以持续这么久。

小田岳夫自己很后悔问他这么尴尬的问题，他在书中这样写道："我非常叹服他对映霞那忠贞不渝的纯真的爱情。我后悔莫及，真不该说出这样的肮脏话来。"

小田岳夫的这一段回忆太重要了，这至少是郁达夫爱王映霞的一个诚实可信的证据：一个浪子，他竟然能做到，在婚姻十年的时候，还守着当初对妻子的承诺。

一九三七年的四月底，郁达夫从福州回杭州几天，主要是为了搬家至风雨茅庐。因为当时孙百刚也在杭州，所以，郁达夫回来的时候常和孙百刚见面。孙百刚听王映霞说，建房子之前，郁达夫如何迷信风水之说，便也说起他的一位表叔，叫朱似愚，在杭州的中国银行做事，很是擅长看命相之术，只是平时不肯出面帮人。郁达夫一听便有了兴趣，一定要让孙百刚请了这位表叔一起吃饭聊聊。

孙百刚推让不了，便答应了郁达夫，在一个周日见了面。

吃过饭以后，这位表叔朱似愚让郁达夫朝着窗口坐定，他在旁边仔细地看着郁达夫的面相，搞得王映霞和孙百刚家的新夫人纪瑞大气都不敢出。

又问了郁达夫的生辰八字和郁达夫正在交的运数。郁达夫说，他的生辰八字是丙申，庚子，甲午，甲子，交的是甲木运。

这位表叔便慢悠悠对郁达夫说:"以前的事,我想不用多说,你在甲运以前,一直都还不错,不过也是镜花水月,虚而不实。以后的运却要相当注意。三五年内,波折不少。假使能自己生场大病,或者家人有点疾病,那算是幸运了。但命相之说并非一成不变。修心可以补相,居易足以俟命。先生你是通达之人,用不着多说。总之,今后数年中,凡事小心在意,能不出门最好莫远行,能忍耐受气,切莫发火暴躁。你和我这位表侄是多年至好,所以我也不揣冒昧,交浅言重了。"

王映霞本来想着郁达夫先看,然后自己再求这位表叔也看一下自己的,看他说话如此不吉祥,夫妻俩没有说多久便回家了。

孙百刚等郁达夫和王映霞走了以后,问他的这位表叔说,他们可是刚刚建好了风雨茅庐,郁达夫又刚得了好的差事,夫妻算是幸福恩爱,不会有这么不好的命运吧。

哪知他的那位表叔说:"我哪敢当面对他直言,只不过略略讽示一二而已。老实说,要我完全违背了相法命理,作违心之论,阿谀之言,那是不可以的。其实这位郁先生的命相,我也阅人不少,今天可算是一桩巧事。总而言之,他的命相刚到目下为止,从今以后或许要弄得妻离子散,家破人亡。倘若自己性命能够逃出,那是祖宗的阴德了。"

然而,不论如何,这一次的算命影响到了郁达夫的心情,这一年的岁末的时候,郁达夫在福州王天君殿里,也抽了一个签。签诗的意思也是坏的,四句诗被郁达夫直接写进了《毁家诗纪》里,如下:"寒风阵阵雨潇潇,千里行人去路遥。不是有家归未得,鸣鸠已占凤凰巢。"

郁达夫的日记不全,已经无法考证他是具体哪一天听到了谁带给他的所谓的王映霞出轨的谣言。一开始他是不信的。

谣言起于什么呢?

在郁达夫的《毁家诗纪》的注释里,第二首诗的注释,便提到了王映霞行为不检的谣言。第二首诗的注释是这样的:"这一年冬天,因受日本各社团和学校之聘,去东京演讲。一月后,绕道至台湾,忽传西安事变起,匆匆返国,已交岁暮。到福建后,去电促映霞来闽同居。宅系光禄坊刘氏旧筑,实即黄莘田十砚斋东邻。映霞来闽后,亦别无异状,住至一九三七年五月,以不惯,仍返杭州。在这中间,亦时闻伊有形迹不检之谣,然我终不信。入秋后,因友人郭沫若君返国,我去上海相见,顺道返杭州,映霞始告以许绍棣夫人因久病难愈,许君为爱护情深,曾乞医生为之打针,使得无疾而终,早离苦海。"

这一段的注释像日记一样,写得详细而清晰。王映霞一九三六年的九月生了他们的第五个孩子。而一九三七年的三月王映霞带着次子郁云到福州,住到了五月回杭州。郁达夫的注释里说的是,住得不习惯而回杭州。在这一点上,郁达夫有些情绪,事实上并非住不习惯,而是当时抗日战争全面爆发,郁达夫让王映霞

244

回杭州照顾好家庭的。

如果我们都看过小田岳夫的那篇传记,一九三六年底郁达夫去日本,做讲座,买印刷机,顺便秘密地想要接郭沫若回国,当时他是公费出差,如果不是怀揣着对王映霞的一份真挚的爱,那么,依郁达夫的本性,一定会去逛妓院的。然而,他没有。不但没有,还在小田岳夫邀请他的时候拒绝了,理由是内人不许。

这个时候的郁达夫丝毫没有污蔑和诋毁他们婚姻的意味。

一九三七年八月十三日,上海沦陷后,整个浙江和上海的官僚们都在逃亡。王映霞带着孩子逃到了富阳。郁达夫回到杭州场官弄发现家里没有人,很生气。

郁达夫在他的《毁家诗纪》第三首诗的注释里直接写清楚了王映霞与许绍棣的关系,他是这样写的:"'八·一三'战事,继'七·七'而起,我因阻于海道,便自陆路入闽,于中元后一夜到严州。一路晓风残月,行旅之苦,为从来所未历。到闽后,欲令映霞避居富阳,于富春江南岸亲戚家赁得一屋。然住不满两月,映霞即告以生活太苦,便随许君绍棣上金华丽水去同居了,其间曲折,我实不知。只时闻自浙江来人言,谓许厅长新借得一夫人,倒很快乐,我亦只以一笑付之。盖我亦深知许厅长为我的好友,又为浙省教育界领袖,料他乘人之危,占人之妻等事,决不会做。况且,日寇在各地之奸淫掳掠,日日见诸报上,断定在我们自己的抗战阵营里,当然不会发生这种事情。但是人之情感,终非理智所

245

能制服,利令智昏,欲自然亦能掩智。所以,我于接到映霞和许君同居信后,虽屡次电促伊来闽,伊终不应。"

郁达夫的这个注释,也有可能只是他个人的理解。比如,屡次电促,那时候,战争进行中,邮电是不是也在崩溃中。

王映霞逃在富阳,之后又去了丽水。

孙百刚在《郁达夫外传》里也提到了,他在王映霞富阳的住处,借宿了一个晚上,那天晚上,他将他即将到达的地址告诉了王映霞,让她将来有一天,如果有需要再次躲避,可以去找他。

王映霞将孙百刚的地址记下来以后,突然拿出了几封许绍棣写给她的信,让孙百刚看。孙百刚在《郁达夫外传》里这样写道:"映霞突然拿出一束信来给我看。在暗淡的灯光下,我抽读了两三封。原来都是许绍棣(当时浙江省教育厅厅长)写给她的信。信中内容,非常平淡,大致说些战事的发展,前途的推测,杭州的空袭,机关的疏散等等。我对信中的话,当然不感兴趣。关于许绍棣和映霞的情况,我在杭州并不知道。记得曾有人问过我,我回答说不知道。后来那位问的人又说了很多话,我也曾替映霞辩解过。我说:许绍棣我不熟悉,不便置论。关于映霞,我知道她一向对男女交际,落落大方,不拘形迹,也许因为彼此来往密些,言语随便些,因而引起了一些流言蜚语。这些,事后我当然不便开口去问映霞,我向来不喜欢刺探别人的隐事,更何况是男女间的事。所以,一直置之脑后,不闻不问。直到那时映霞拿出许绍棣的信给我看时,我想这倒是绝好机会,不可错过。许绍棣负一省教育行政之责,当此国难临头之际,何以会有如此闲情逸致,对一个朋友的夫人,写这种娓娓清谈,叙话家常的信。同时,我还想将上次在杭州听到的那些说话告诉她。不料,我正要开口问她时,听到外面一阵异样的叫嚣扰动声。映霞三脚两步跑到窗口向外一望,大声喊:啊呀,不好了,火起!"

孙百刚没有机会问那些流言是不是真的,但是,他写明了一件事情,在富阳避难的时候,王映霞已经和许绍棣通了许多封信,而不是像她的自传里所说的,是认识郁达夫的朋友李立民,李立民托郁达夫带他的长女李家应去汉口,这个时候,李家应说起了她的同学孙多慈未婚,她求王映霞给孙多慈介绍一个对象,王映霞才和许绍棣通信的。

王映霞在她的自传中,专门写了她是如何从富阳到浙江丽水的。是因为在富阳街头遇到了程远帆,程远帆夫妇与郁达夫也是熟悉的,所以,程远帆建议王映霞将行李运到富阳城,他们开车去金华的时候,专门到富阳来接上她。

当然,郁达夫与程远帆是熟悉的,交情是不是到了专门开着车子接上王映霞一家到丽水专门去避难的程度呢?而且,这前前后后,郁达夫并没有委托他帮助。

最重要的是,他们到了丽水以后,居住的地方,正好和许绍棣住在同一栋楼上。

在多年以后的今天，读起来，无论如何，也有些像小说了，因为有太多的巧合。

花开两朵，各表一枝。再说郁达夫，自从到福州的天王殿里求了一个下下签之后，心情十分沮丧。一九三八年二月一日，国民党军事委员会改组，将总司令部训政处扩大为政治部，由当时的湖北省主席陈诚兼任部长，政治部下设三厅，第三厅负责宣传，由郭沫若担任厅长。第三厅下面又设了几个处，而郁达夫被任命为第七处的处长。

郁达夫在从福州赶往武汉的路上，先到丽水去接王映霞和三个孩子。

可是，郁达夫到达丽水的第一个晚上，王映霞拒绝和他同房。第二天，王映霞仍然拒绝，告诉郁达夫她来了月事。第三天的时候，许绍棣从金华回到了丽水，下午的时候要去碧湖，王映霞突然决定坐车去碧湖，并在碧湖过了一夜。

郁达夫《毁家诗纪》第四首的注释里写到这些细节，他还感慨说："我这才想到了人言之啧啧，想到了我自己的糊涂，于是就请她自决，或随我去武汉，或跟许君永久同居下去。在这中间，映霞亦似曾与许君交涉了很久，许君似不肯正式行结婚手续，所以过了两天，映霞终于挥泪别了许君，和我一同上了武汉。"

不同房这样的隐私，一般人是不会写出来的。然而，郁达夫写出来，一般人都是会相信的。因为他是一个连自己吸鸦片和嫖

248

妓都如实记录的人。他断断不会栽赃自己的老婆和自己的好友，更何况，如果无此事，许绍棣大可以声明一下即可。

启事

　　大抵是一九三八年的三月中旬，郁达夫携全家到达了武汉。因为三月二十五日郁达夫给黄花岗七十二烈士题了词。

　　两天后的三月二十七日，郁达夫当选了中华全国文艺界抗敌协会的理事。四月三日，在冯玉祥的家里参加了文协的第一次理事会，被选为常务理事，并任研究部主任，和《抗战文艺》的编辑委员。

　　四月十四日，郁达夫和作家盛成一起去郑州、台儿庄、徐州等地劳军。这一次的视察一直到五月三日才结束。

　　在《毁家诗纪》的注释里，郁达夫这样写道："四月中，去徐州劳军，并视察河防，在山东、江苏、河南一带，冒烽火炮弹，巡视至一月之久。这中间，映霞日日有邮电去丽水，促许君来武汉，我亦不知其中经过。但后从一封许君来信中推测，则因许君又新恋一未婚之女士，与映霞似渐渐有了疏远之意。"

从一九二八年结婚，到一九三八年的春天，郁达夫和王映霞的婚姻正好维持了十年。他们都面对着一个非常困难的选择，第一他们无法选择时代，时代的炮火就在他们的四周。这是一个乱世。乱世里，他们没有整块的时间厮守在一起，这让他们的一些误解更加扩大。

五月回到武汉之后，郁达夫和茅盾、老舍等人一起，还给在北京的周作人写了一封信，希望他不要堕落为日本人的帮凶、民族的罪人。

六月下旬，郁达夫又去浙东和皖南考察，一直到七月上旬才结束。

回忆郁达夫在武汉这一时期的文字，有一个人的特别值得阅读，那便是刘开渠的。刘开渠是郁达夫的学生，他在《忆郁达夫先生》一文里详细地说明了他与郁达夫的关系。

一九二四年，郁达夫在北京大学教书的时候，在北京艺专兼职代课，于是刘开渠成为郁达夫的学生。一九三三年，刘开渠从法国留学回来，到了杭州的西湖艺专做教师，在杭州又一次遇到了郁达夫，两个人都非常欢喜。

抗日战争全面爆发以后，刘开渠随着学校西迁至了湖南沅陵。然而，一九三八年，刘开渠要和他的同事程丽娜结婚，要到武汉举行婚礼，当时刘开渠的未婚妻的父亲反对这门亲事，可是女儿坚决要嫁,所以,父亲提了一个条件,嫁可以,要在武汉举行婚礼,且要请两位社会名人做证婚人。

于是,刘开渠就请了郁达夫和王映霞。

刘开渠当年新婚不久,郁达夫便给他写了一封信,请刘开渠在沅陵帮王映霞和孩子租一个住处,或者是和他们家一起居住都行。并在信里列清楚大概有十二三件行李。

刘开渠一看到信,立即就求助于沈从文的大哥沈云麓。沈从文的大哥,一听是为郁达夫找房子,一口答应,告诉刘开渠,一切都包在他身上。

可是,在武汉的郁达夫和王映霞发生了一系列的精彩故事,所以,没有按照原计划去沅陵。

发生了什么精彩的故事呢?

《王映霞自传》里说的版本是:"在郁达夫去台儿庄劳军回来之后,我经常见他眉头一皱,头略略一摇,从经验告诉我,这是他要发脾气的先兆。他脾气发起来,往往不告而走,让我担忧担惊;但他出走几天就会回来的。不过在这个时候,非寻常可比,飞机日日在乱炸,一家老小要吃要用,无论如何我决不能让他不告而走。母亲可以由我带去,还有三个幼小的儿子呢? 这一个重担,教我又如何挑得起? 想到这里,我只能先开口问他:'你又打算走么? 要走,可以的,你须把三个儿子也带了走。否则,就让我走!'其实,我所提出的'就让我走'这四个字,原是一无准备,打算探一探他的口气的,却不料他居然来个'你走就你走'这几个很坚定的字。这些年来,我从未听见他对我讲过如此严重触犯我的自尊心的话。这时,我顿时怒火高烧,站起身来,马上去我母亲的房内取了两件替换衣服,手中提了一个拎包,三步并作两步从堂屋走到天井,再从天井里跨出了大门。假戏已经在真做,郁达夫看了我这个样子,也跟在我身后走了出来。走到大门口,正好看见一辆空车,我就一边跨上车去,一边向车夫说:'你给我拉到火车站。'"

王映霞自然并没有真的到火车站去,而是住到了小朝街上的曹秉哲家里。曹是杭州著名的律师,也和郁达夫熟悉。曹秉哲是跟着陈诚到武汉的,当时,他是陈诚的秘书。

王映霞在自传里这样写她为什么到曹秉哲家:"我离开家庭时,应该去到什么地方最为适当这一个问题,是着实要经过一番考虑的。就是说,我不能去到单身男子的人家,又不能去到一个只有女子的家庭,要在几分钟之内,马上决定下来,这实在是一件为难的事情。在这种情况下,我终于决定了去曹家。"

这是一九三八年七月四日发生的事情。

郁达夫并不知道王映霞住到了朋友家里,以为她已经回浙江找许绍棣同居去了,于是非常恼火地在武汉的《大公报》登了一个寻人启事:"王映霞女士鉴:乱世男女离合,本属寻常。汝与某君之关系,及携去之细软衣饰、现银、款项、契据等,都不成问题。惟汝母及小孩子等想念甚殷,乞告以地址。郁达夫启。"

王映霞住到了曹秉哲家里以后,不让曹秉哲告诉郁达夫,说如果告诉郁达夫,她便立即离去。所以,一直到了第三天,即七月六日,曹秉哲才将王映霞住在他家的消息知会了郁达夫。

经过友人从中调解,郁达夫不希望两个人离婚。但是,他又希望王映霞能保证不再和许绍棣联系,所以,王映霞写了一份保证书。内容是这样的:"映霞因一时家庭生活痛苦,精神上无所寄托,致与许绍棣君有精神上的热恋情事,现经友人调解及自己之反省,觉此等情事,实与夫妇生活有碍。今后当绝对与许君断绝往来,夫妇共同努力于圆满家庭生活之创造。此致,郁达夫君收存。二十七年七月九日王映霞具印。"

关于这一封保证书的真实性,学界是存疑的。

那么,让我们先放下王映霞的这封保证书,再接着看他们两个人的精彩故事吧。

经过朋友们的劝说,郁达夫在王映霞回家的当天写了一封道歉信,刊登在七月九日的《大公报》上,全文如下:"达夫前以精神失常,语言不合,致逼走妻映霞女士,并登报相寻。启事曾误指女士与某君的关系及携去细软等事,事后寻思,复经朋友劝说,始知全出于误会。兹特登报声明,并致歉意。郁达夫启。"

这封道歉信有非常多的信息,第一是,他承认误指。那么,如果现实中真的压根就没有王映霞和许绍棣的事情发生的话,那么,郁达夫为何在一年之后又发表《毁家诗纪》实名指出王映霞与许绍棣的关系？第二是，他承认自己精神失常。

然而看郁达夫那几天，在王映霞离开的这两天里，他写了一篇政论文章，叫作《抗战周年》。如果精神失常，哪还有可能正常写文章发表。

那么只有一种可能，就是，为了维持家庭，为了维持体面，只能否认这一事实，不然的话，两个人就只能分开了。

第二天呢，在《大公报》上又刊登了一份和解的协议，不但有郁达夫和王映霞的签名，还找了两个见证人签名。协议书的内容如下：

> 达夫、映霞因过去各有错误，因而时时发生冲突，致家庭生活苦如地狱，旁人得乘虚生事，几至离开。现经友人之调解与指示，两人各自之反省与觉悟，拟将从前夫妇间之障碍与原因，一律扫尽，今后绝对不提。两人各守本分，各尽夫与妻之至善，以期恢复初结合时之圆满生活。夫妻间即有临时误解，亦当以互让与规劝之态度，开诚布公，勉求谅解。凡在今日以前之任何错误情事，及证据事件，能引起夫妇间感情之劣绪者概置勿问，诚恐口说无凭，因共同立此协议书两纸，为日后之证。
>
> 民国廿七年七月九日

立协议人:夫郁达夫

妻王映霞

见证友人:周企虞　胡健中

如果说王映霞和许绍棣的事情根本不存在,那么,这一个协议就不可能会签。因为,王映霞不会同意签署这个对她有污蔑的协议。协议里反复强调的是——两个人都有错误。王映霞在自述里说的只有郁达夫的错误和郁达夫对她的诬蔑,那么,何来的两个人都有错误呢?

还有,协议里所说的"凡在今日以前之任何错误情事,及证据事件,能引起夫妇间感情之劣绪者概置勿问",这一句特指应该就是王映霞与许绍棣的通信。

显然,这一协议,是郁达夫的退让,以后不再提许绍棣写给王映霞的情书的事情,王映霞恐郁达夫当着朋友的面说完以后,回到家里又来审问自己,所以,直接约定"诚恐口说无凭,因共同立此协议书两纸,为日后之证"。

夫妻俩签协议的时间是一九三八年七月九日,就在签完协议的当天,郁达夫还写了一篇评论《我们只有一条道路》发表。

七月十一日,郁达夫所在的军事委员会第三厅开始撤离武汉。

在此之前,郁达夫已经给刘开渠写了信,刘开渠也已经回了信,让郁达夫从常德再坐船到沅陵,沈从文的大哥已经帮助找好了住处。然而,郁达夫一家老小到了常德以后,觉得常德的消费物价水平并不低,又听人说不远的汉寿倒是生活便利又经济,于是,郁达夫想到了他的老同事易君左便是汉寿人,于是他给易君左打了一个电话,让易君左帮他找一处房子。

郁达夫为什么写《毁家诗纪》,和易君左对他们的祝福有关系。易君左并没有在第一时间知道郁达夫和王映霞在武汉闹得满城风雨的事件。他的印象里,郁达夫和王映霞,就是富春江上的神仙眷侣。于是,他给郁达夫写了一首诗,送给他们夫妻。

郁达夫当时看了以后,真是有苦难言。要知道,他刚刚和王映霞签了一纸让他自己都觉得屈辱的协议,只为了将这个家庭维持下去。

由易君左的诗,郁达夫动了开始写《毁家诗纪》的念头。

易君左共写过两篇回忆郁达夫的文字,其中《海角新春忆故人——小记郁达夫与王映霞》这篇文字里曾经记录了这样一个细节:"达夫和映霞也常常到我家里玩耍,但奇怪的是他们并不大同时来,常常是参差的。而每当我邀请达夫出游或是拜访朋友,映霞往往借故不参加,在居家汉寿期间,表面上尚安定,然而他们创痕已到无可弥补的程度了。我曾劝他们好几次,总是'清官难断家务事',摸不到真相,实在也就等于'隔靴搔痒'。……但达夫的举动却确有令王映霞难堪之处,他印了一套珂罗版,既不是大涤

257

子的山水画,也不是王羲之的兰亭帖,而是把他的夫人王映霞的'情书'原原本本印成一套,好像卖明信片,以留纪念。当达夫送我一套时,我当场撕毁了,并劝他一齐烧掉。在诗歌散文上,也公然宣布他夫人和人家的私事,那就未免太率直了。"

易君左对于郁达夫的评价甚高,在这篇文字里称郁达夫是一个人才、天才和仙才。所以,他觉得王映霞嫁给郁达夫,是王映霞的福分。

然而,他仍然认为郁达夫印刷妻子与许绍棣的通信给外人看,用来损害自己妻子的名声,这样的行为不妥。所以,当场撕了郁达夫的珂罗版。然而,他的这个回忆更加确证了一点,就是,王映霞在自传中反复说,她和许绍棣的通信并非情书,而是给孙多慈介绍男女朋友,这一段自传中的叙述并不可信。

再加上孙百刚在《郁达夫外传》中所描述的,在富阳避难期间,王映霞的手里已经有一束许绍棣的信,而那个时候,王映霞还不认识李家应。王映霞是在认识李家应之后,才答应李家应给她的同班同学孙多慈介绍对象的。

到了汉寿之后不久,住在汉寿县北门外的蔡天培醋铺的后面,这一住就是两个多月。一直到一九三八年的九月二十二日,接到福建省主席陈仪的电报,仍让他到福建任省政府的参议,月薪三百元。在汉寿期间,郁达夫写了一篇《国与家》,回顾了他们一家从武汉到汉寿的经历。王映霞在自传里,也专门提到了这一

258

篇文章,王映霞说:"不过在两个人的心中,在到达汉寿之后的一个时期里,也的确有过重归于好的愿望。他在当时写的那一篇《国与家》里,确是很真实、很明显地表示了他的态度,而且还较具体地写出了隐讳之言。"

那么郁达夫在这篇《国与家》里写了什么隐讳之言呢,我直接摘录一段:"自北去台儿庄,东又重临东战场,两度劳军之后,映霞和我中间的情感,忽而剧变了。据映霞说,是因为我平时待她的不好,所以她不得不另去找一位精神上可以慰藉的朋友。但是在我呢,平时也不觉得对她有什么欺负;可是自我从福建回来,重与她在浙东相遇,偕她到武汉以来,在一道的时候,却总觉得她每日每夜,对我在愁眉苦眼,讨恨寻愁。七月四日,正打算遵政府疏散人口的命令,预备上船西去的中间,一场口角,她竟然负气出走了;这原也是我的不是,因为在她出走之前,我对她的行动,深感到了不满,连日和她吵闹了几场,本来是我先打算一走了之的。她走之后,我因为不晓得她的去向,——当时是在疑她只身仍回浙东去的——所以就在《大公报》上登了两天寻人的广告。而当这广告送出之后,就在当天的晚上,便有友人来信了,说她仍在武昌。这广告终于又大大地激怒了她。后来经过许多友人的劝告,也经我们两人的忏悔与深谈,总算天大的运气,重新又订下了'让过去埋入坟墓,从今后,各自改过,各自奋发,再重来一次灵魂与灵魂的新婚'的一个誓约。破镜重圆以后,我并且又在《大公报》

上登了一个道歉的启事,第二天就上了轮船,和她及她的母亲与三个小孩,一道奔上这本来是屈左徒行吟的故地,从前叫作辰阳,现在称作汉寿,僻处在洞庭湖西的小县里来了。"

王映霞认可这一篇文章写的。然而这一篇文章,长长的句子说明了王映霞嫌弃郁达夫平时待她的不好,所以"不得不另去找一位精神上可以慰藉的朋友"。

由这一句,基本可以断定,两个人的"深谈"是各退一步,王映霞保证以后好好过日子,不再和许绍棣来往,而郁达夫在报上公开道歉,好消除对王映霞的坏的影响。

然而,如果两个人就此在汉寿过下去,他们的婚姻可能不会离散,渐渐修复以后,也许会再度温热。因为,郁达夫一直是喜欢王映霞的。

可惜的是,一九三八年的九月二十二日,郁达夫又赴福州。在沅江的船上写第一封信给王映霞的时候,他还是深情的:"临行时,颇觉依依。晨发汉寿,水上略有风波,然亦行百余里,今晚泊沅江,到长沙须后日上午。野阔天低,湿云与湖水相接,阴阴瑟瑟,颇与此次行旅之心境相像。出门多年,往日每以远游为乐事,此番独无兴致,亦不知是何缘故?"

在这封信里,郁达夫表现出来的,仍然是一种失落感,既舍不得将王映霞推开,又有些悲伤,因为,他发现自己已经不太信任王映霞,而他为自己有这样的怀疑而难过。

王映霞在这一天给郁达夫也写了一封信,现存的这封信不全,前半部分已经遗失了,从现存的书信内容来看,王映霞至少是下定了决心,不再与郁达夫分开,她在这一天的信的末尾写道:"你有没有决心实行你答应我的条件,那只有天知道,我如今是鞭长莫及了。"答应的条件,无非是以后不再翻旧账,不再去调查她与许绍棣的事情。

九月二十七日,王映霞的信里则进一步表达她对家庭的坚守,她是这样写的:"警报又来了,传说敌机已到长沙,想来你廿四,至迟廿五总可以离长沙去南昌的,不然又将为你添愁添虑,此时出门真靠不住,所以我总梦想着甚么地方都能与你同行来得好些,并非我能防止空袭,与其老远在为你担心,倒不如大家在一起受惊来得痛快,复仇过后心境依然是澄清的,只教你能明白自家的弱点,好好地爱护她,则得着一颗女人的心亦不难也。"

显然,王映霞此时已经安静下来了,也做好了与郁达夫好好地过生活的准备。十月十五日,她和老大郁飞一起给郁达夫写了信,更是有着让人动容的战争时期的家庭氛围,也不过是想告诉郁达夫,她和孩子们在牵挂着他。

然而,三天以后,十月十八日,王映霞又给郁达夫写了一封信,在信中有这样一段埋怨:"现在只教你来信中一提及往事,那即刻就会使我把过去的仇恨一齐复燃起来,你若希望我不再回想你过去的罪恶时,只有你先向我一字不提,引导我向新的生命途中走,大家再重新的来生活下去,至于你的没有爱过旁的女人和对我的爱从未衰落过的那些话,我读了,只会感到你的罪深而刑罚太浅,这如病重而药轻一样的无济于事。能不能使我把你的旧恶尽行忘去是在你,请你记住。"

为什么在这封信中如此冲动地指责郁达夫呢,因为王映霞接到了他在浙江的兄弟的来信,说郁达夫又在往浙江写信,打探王映霞是不是又趁着郁达夫去福州而偷偷地回浙江与许绍棣会合了。

这当然让王映霞伤心。所以,在信里,郁达夫尽管表达了对王映霞的爱,如何如何没有变,但是王映霞丝毫也没有接收到这一份爱心。

这封信写完以后,王映霞又附写了一段,仍然是埋怨:"别人都会在文章称赞自己的妻子,爱人,只有你,一结婚后便无声无息,就像世界上已经没有了这个人一样。做你的妻子,倒不如做个被你朋友遗弃了的爱人来得值得,就如徐亦定一样。"徐亦定曾经和郭沫若相恋,在郁达夫的上海日记中常常出现,但是王映霞应该是写错了人,因为郁达夫对徐亦定并没有感情的暧昧,倒是对寡居的徐之音,有过暧昧之情,甚至一度在他被王映霞拒绝的时候,作为恋爱的备选女人。

如果郁达夫去福州以后,不再质疑王映霞,那么他们的婚姻可能不会毁掉。

然而凡事没有如果，一九三八年的十月十一日，郁达夫给王映霞的信里，又一次提到了许绍棣的信里所说的三十七万港币。于是十月二十四日，王映霞生气地给郁达夫写了回信，开头是这样写的："达夫：今天为孩子们补了七八双破袜，且时刻都在等你有信来。倾得十一日平信，气得我手足冰凉，又是半夜未曾合眼，原定不复你信，想想总似乎有些话不说不明之恨。所以又重新起来。你喜欢听传言，我自然不能管，不过自此以后，我才知道自己是有身份的了，我永远都记得'有人赠我三十七万元港币'这句话，请你去谢谢那位告诉你的朋友，这样秘密的事又偏会给他——你那位忠心的朋友知道，到今日我始知你朋友的本领不小，而且你的这个已经有了三个孩子的家庭的生命，亦许就会断送在你朋友的口里！"

　　郁达夫显然违背了他们在武汉所签订的协议，不再提旧事，重新再开始灵魂的碰撞。然而，郁达夫在孤独的时候，总会有一些委屈。毕竟老婆有风言风语，自己又恨自己多情，不舍得抛弃王映霞，所以，他既矛盾，又无助。

　　被郁达夫逼得急了，在二十四日的这一封信里，王映霞写出了自己的委屈："我仇恨你之心，自然难以消灭，八年前的春日的一个人偷偷的跑到富阳满舟街去住七夜，即是与别的女人困七夜，和在六年前为我的女友而又跑上别的旅馆中去住半月，那些时候你是做梦也想不会想到在八年后的今日，这一个被你认为是

263

弱女子的人，也终有一天复仇的日子的，万事不能预料，连自己亦不知自己将来的日子如何？你能看得我到底吗？"

他们吵架的时机真是不对，此时，广州已经于三天前的十月二十一日沦陷，长沙也在备战中，所以，王映霞担心火车如果不通了，她们有可能会被堵在这个偏僻的乡下。十月二十五日夜和十月二十八日，王映霞连写了两封长信给郁达夫。二十五日的信里，王映霞说她的母亲想回浙江了，因为王映霞的两位兄弟在浙江的安全地带生活着，她的母亲只是可怜王映霞一个人带着三个孩子太苦了，才留下来帮她的。

在信里王映霞竟然埋怨郁达夫因为爱买书，所以，没有留够足额的储蓄："在这十二年中，你假如能够节省一点买书买烟酒的钱，怕我们一家在安全地方亦一两年的好生活了，从前总是苦口婆心的劝告，无奈你习惯已养成，朽木难雕，终于改不转来，专靠我自己节衣节食，甚至变换了衣饰来作家用，而你又哪里会得知道，知我那时欲未雨而绸缪的一点苦心？前年在日本两月，还买了五六百元的书，可怜到如今，只在给别人一车车的拖出家门去卖。若依我的计划，把所有的书籍全部捐给图书馆，又漂亮，又经济，如今是甚么都完了。十年来向你的种种忠心的劝告，都只等于零，请想想，是不是无形中只在使我灰心，使我失望？自己没有明白自己的短处，不望成家立业的短处，还能怪着别人？假如我有女儿，则一定三世都不给她与不治生产的文人结婚！"

郁达夫到福州的时候,恰好陈仪去外地开会未回,所以郁达夫有很多事情未定。十月二十八日王映霞致郁达夫的信里面已经急得没有时间和郁达夫讨论婚外情婚内情的事情了。她这样写:"我会再把十四日的信寄还给你,请你仔细的再看看,而且再请你看一看我十日寄上的信中,是说着为了什么事而亦许不愿再写覆信。什么第三者不第三者都是废话,大家把一切的气愤都丢弃了,来计划计划以后的家计。大局不意变化得如此之快,你不去香港,不去广州都成为了塞翁失马,而你福州去得那么快,主席又偏去开会,亦是不幸之至。这是后话,且看主席回来后如何再说,总之,我们一家,只须你心思好,待人好,不怕会饿死,到处都可以生存,这不必愁,宽你的心亦就是宽自己的心。"

　　被郁达夫气恼了几天的王映霞,再一次决定不计较郁达夫的猜疑,无论如何,三个孩子一个老母亲,总要送到安全的地方再说。家庭和婚姻的细枝末节暂且放下,以后余生有的是时间吵架。这大概是当时王映霞的心思。

毁家

　　一九三八年的十一月一日这一天，王映霞异常的难过。她带着三个孩子和老母亲在偏僻的汉寿县，然而她们一家五口现在全部的钱只有一百块了。

　　郁达夫答应汇过来的两百块钱，前一天她去常德的农行看了，没有到账，而且为了去常德农行取钱，王映霞特地坐了轿子去的，没有取到钱，她心疼白花了车钱。

　　她埋怨郁达夫，明明可以电汇，也可以直接寄到湖南银行，却非要寄到农行来。她哪里知道，郁达夫可能就是怕寄到其他银行里，让她多跑路。

　　人与人之间的误解一旦产生，想要弥合，其实几乎没有可能。因为理解的出发点是错的。比如，十一月一日给郁达夫的这封信里，王映霞竟然认为郁达夫更可怜他的二哥郁养吾，而不是王映霞母子。事实上,只要长着脑子,怎么可能呢?

王映霞决定不再等着郁达夫汇钱了,时势变化极快,还是人的生命重要。十一月上旬末尾的时候,她带着孩子和行李,全家人到了长沙。主要是长沙有火车,一有风吹草动,她们一家可以随时逃回浙江。

然而王映霞到了长沙以后,就听到有人告诉她,长沙早晚要出事,她带着老人和孩子,如果炮弹打进城里来了,就不好逃出来了。所以,王映霞听了别人的建议,将行李和一些箱子直接存到了行李房,第二天挤上火车往浙江走了。

结果火车开出两个小时,长沙火车站被大火烧了。王映霞听到消息以后难过死了,行李里有郁达夫给她的所有的信件,还有郁达夫写给她的版权的赠送协议,还有郁达夫的保证书呢!

王映霞在自传里写她的悲伤:"火车一到江山,先得找裁缝做替换衣服,然后再给郁达夫去电报。这时候我的心啊真是又气又伤悲。想到最要紧的,还是行李中历年所积下来的照片和信件,这个损失,将永远地夺不回来。"

王映霞在浙江的江山住了四天,郁达夫终于从福建派了一辆车子过来接她们母子。他们一家老小上车以后,王映霞总觉得空落落的,因为他们六个人(王映霞及三个孩子,王映霞的母亲和一个保姆)的衣服全都没有带出长沙。她又觉得这迁移的苦没有和郁达夫同时分担,独独给她一个人来承担,她便觉得无助和委屈。

车子开到了浦城县停下了，这已经是在福建境内了。王映霞和郁达夫通了一个电话，郁达夫早就有安排，郁达夫告诉王映霞，让她只带上老大郁飞到福建，其他的孩子和王映霞的母亲先到浙江王映霞的兄弟处暂住。

　　于是王映霞听从了郁达夫的安排，她虽然很是埋怨，但是，战争时期，各种不便，带着年纪小的孩子和老人，也的确不适合长途跋涉。

　　所以，王映霞第二天就和母亲孩子分开，带着郁飞继续往福州去了。

　　而关于王映霞自传中所说的遗失在长沙大火中的两百多封家书和情书，原来并没有完全丢失。而是被当时在湖南省资源委员会工作的燕孟晋所救。原来，一九三九年的时候粤汉铁路拍卖处理无主认领的旅客失物，燕孟晋是搞财务会计工作的，当时他在粤汉铁路的总稽核处工作，被派到了拍卖现场做监督工作。所谓监督就是走个程序，看一下就可以了。

　　但是有一天燕孟晋在现场发现有人在烧东西，火势很大。他走近火堆，用拐杖随便一拨，竟然看到一本日记，再一拨，拨出一捆书信。信封上写着王映霞，又有达夫寄的字样。燕孟晋是武汉大学毕业的，平时也读一些文学作品，自然知道郁达夫和王映霞的大名，所以，他立刻知道这一捆书信和日记是有价值的，赶紧从烈火中抢救了出来。于是，这些东西便成了燕孟晋的私人收藏品。

一直到了一九四九年的时候，林艾园在香港遇到了燕孟晋，林艾园几年前便知道燕收藏了郁达夫的信，于是提出来借阅。这一批书信便到了林艾园的手里。回国以后，变化极大，这一批书信曾在"文革"的时候被抄走，一直到了一九八一年才被归还。

这便是《达夫书简》最开始出版的稿件来源。如果没有燕孟晋从大火中意外翻出，那么，郁达夫在情书里的那么多次痛哭，我们便再也看不到了。

回到王映霞的一九三八年，和母亲分开以后，王映霞带着郁飞，于当年十二月的上旬，才到达福州。

在自传里王映霞这样记录她刚到福州的情形："到福州之后，郁叫了人来接我们，我心中已知有异。后来和郁达夫见了面，他说：'我已经答应了新加坡《星洲日报》之聘，马上就要到《星洲日报》去报到，并且也已经为你们母子二人领好护照。'"

郁达夫在福州工作过的同事蒋授谦后来在回忆文章《我与达夫共事》里，写了他们离开福州的情形："一九三八年底胡文虎驻福州的代表胡兆祥邀达夫去新加坡任《星洲日报》编辑。达夫同意了。临行之日，主席陈仪在省政府为达夫'祖钱'，祝愿他们夫妇在新的环境里愉快地工作，胜利归来为他们'洗尘'。热情洋溢，满室春风。夜十时，达夫就携妇将雏乘海军差轮通过马尾封锁线转乘海轮经香港去新加坡。"

王映霞一肚子委屈,等到了福州,本来也想和郁达夫再好好说一下。然而,见他已经安排好了要去新加坡,便也觉得,在一个完全陌生的环境里生活,可能有助于两人忘记不愉快的事情。所以,两个人在去新加坡的路上至少是相互配合的。

比如十二月二十日,他们抵达香港,二十一日和戴望舒、叶灵凤和楼适夷见面时,王映霞和郁达夫都是欢快的。

楼适夷在回忆郁达夫的文字里有一段是记录他和郁达夫在香港见面时的情形:"一九三八年岁末,我在香港再遇到达夫,他带着夫人和孩子住在一家大酒店里。告诉我他受聘到新加坡胡文虎的《星洲日报》去工作。当然,在海外侨胞中,也极需要抗战文化工作,达夫到那儿去也很好,而且看来家庭之间,又和好如初了,这也叫人高兴,我和还有些别的朋友,一直把他们送上去新加坡的海轮。"

然而这份朋友们的高兴,并没有持续多久。

一九三八年十二月二十八日,郁达夫一家三口到达了新加坡,就住在南天楼二楼的八号房。后来又经过报社社长胡昌耀的安排,住进了市政局的一个住宅小区里。郁飞在《郁达夫的星洲三年》一文里,有详细的记录。

他们到达新加坡的那一天,《星洲日报》还用了大标题做了宣传,"为努力宣传抗战,郁达夫将入本报工作,昨偕夫人王映霞女士及公子飞抵星,将每日报告抗战文艺界情形",新闻的具体内容如下："自武汉放弃后，我国文艺作家之集中武汉者，实践文章下乡，文章入伍标语，分头赴各乡各镇，以及海外各处，努力宣传工作，以期必胜必成之早日实现。郁达夫近亦由武汉退出，先去湘西及武汉外围前线视察二月，后复经闽浙各战场巡历，现已由闽转粤，偕夫人王映霞女士及子飞由港抵星，不日将入本报工作，以后每日有关抗战文艺界近况者，可就今后本报探知一切也。"

王映霞一路晕船，几乎将她人生过去的经历都吐干净了。到达新加坡的时候，她的人完全是晕的。

她与郁达夫各有各的心事，然而，在外人看来，他们还是相互配合的恩爱着的夫妻。在自传里她这样描述她和郁达夫的生活状态："初到的时候，虽然两人都还各有各的心事，但为了应付新知旧友，适应环境，我亦居然同赴宴会。而平日在家里却哑口无言，只有在朋友们来到的时候，才看得见我们的笑容，听得见我们谈话的声音。友人一散，这一个家又重归沉寂，真正的心与心的微笑，我发不出来，当然他也无法来开导和启发。"

王映霞在和郁达夫结婚以后，并没有写过什么文章发表，她的人生经历像极了许广平，只是在婚后负责照顾郁达夫的家庭生活，而精神上的表达，则完全没有了时间。

到达新加坡之后不久，一九三九年的一月八日，新加坡《星中日报》的妇女版给王映霞做了一个广告，大概是知会读者，郁达夫的夫人王映霞女士将在本报开专栏的意思。

只是可惜，王映霞是写了两篇文章，但都是发表在郁达夫主编的《星洲日报》上，她在《星中日报》的专栏并没有如期履约。

郁达夫到新加坡之后，几乎是四处写信约稿。他们报社的稿酬标准也就是千字五元，所以，并无优势，然而，毕竟郁达夫人缘好。他给许广平、戴望舒、柯灵等一群人写信，约稿。自己也每天写稿，可谓编创两忙。

然而，就是在他和王映霞的日子渐渐平和的时候，郁达夫突然将自己写的一组诗发在了香港的《大风》杂志。

这一场大风彻底将他和王映霞刮散了。

一九三九年三月五日，郁达夫将一组《毁家诗纪》发表了出来，全诗共有七首七绝，十二首七律，共十九首诗，还有词一阕。诗写得有些含蓄。如果只发表诗作，读者未必有什么大的反响，然而，让人惊讶的是，在这一组诗的每一首诗后面，郁达夫都详细地注释了他最爱的王映霞是如何被许绍棣勾引并奸污的。

在《毁家诗纪》的第一、二、三、四、六、七、八、十二、十八、十九这十首诗的后面均提到了许绍棣，而最后一首词《贺新郎》的后面则直接将家仇转移至国恨这里。他写道："许君究竟是我的朋友，他奸淫了我的妻子，自然比敌寇来奸淫要强得多。并且大难当前，这些个人小事，亦只能暂时搁起，要紧的，还是在为我们的民族复仇！"

郁达夫为什么要发表这一组诗，至今已经无人能解释。他早知道真相，并且亲自写了道歉信在武汉的《大公报》上刊登，这个时候，他应该是已经做好了准备，原谅王映霞。

如果说，他需要时间来考验王映霞是不是能和许绍棣断了联系，那么，在汉寿的日子，王映霞做的，应该是好的了。炮火连天的日子，邮路不通，人人自危，又加上，许绍棣的确选择了与孙多慈恋爱结婚。那么，这一段王映霞的精神出轨也好，身体出轨也好，其实已经画上了句号。

郁达夫究竟是出于什么样的想法，而发表这一组《毁家诗纪》？

是他要用这样的一种方式来出气，报复王映霞吗？那为什么不在武汉的时候提出离婚，当即发表这一组诗呢？

三月五日，这一组诗在香港发表以后，三月十七日，王映霞便在家里看到了《大风》杂志。王映霞连读了两遍。她简直不相信自己的眼睛，虽然，她和郁达夫最近的关系并不融洽，她觉得可能还是需要时间来忘记武汉的痛。

她没有想到的是，郁达夫在她的伤口上又捅了一刀，这一刀更深，更绝情。

王映霞一个人关在屋子里一整天，从白天到晚上，一直在想，该怎么办？婚姻可能没有办法维持了，如果她选择不发言，那就是默认了一切。她做不到，她也不想从此活在背后被人指指点点的阴影里。所以，她提笔给《大风》杂志的陆丹林主编写了一封信。

在这封短信里，王映霞称郁达夫是"包了人皮的走兽"，她问陆丹林："《大风》怕不怕因为登载了我的文字之故，揭发了'无赖文人'十二年来的歹行之故，而被'无赖文人'将此刊物从此视为眼中钉，不再为贵刊写尖利刻薄的大文了？或更将瞎指先生亦与我有什么关系？"

王映霞在给陆丹林的信里，所列举的，依然是几桩旧事，她是这样写的："丹林先生：我且在这里约略的说一说这事件的动机和实在情形。先生一定曾读过《日记九种》吧？一个未成年的少女，是怎样的被一个已婚的浪漫男人用诱和逼的双重手段，来达到了他的目的？但是兽心易变，在婚后的第三年，当我身怀着第三个孩子，已有九足月的时候，这位自私、自大的男人，竟会在深夜中窃取了我那仅有的银行中的五百元存折，偷跑到他已经分居了多年的他的女人身边，去同住了多日。像这样无耻的事情，先生能否相信是出于一位被人崇拜的文人的行为吗？等他住够了，玩够了，钱也花完了，于是写成了一篇《钓台的春昼》，一首'曾因酒醉鞭名马，生怕情多累美人'的七律之后，亦许是受了良心的责罚吧！才得意洋洋地又逃回到当时我曾经牺牲一切的安乐，而在苦苦地生活着的上海的贫民窟里来。"

在这封信里，王映霞承认她和许绍棣的关系仅仅只是友情。她这样写："与许君的友情，我并不否认，但对天立誓，亦仅止于友

274

情而已！文人笔端刻薄,自古皆然,他竟能以理想加事实,来写成求人怜恤、博人同情的诗词来。"

王映霞复述了一下她与郁达夫在武汉启事发布之后的一些事实:"发现了我与某君的信件后,是痛快的,自然即刻离婚,不必多说一句话,再多费唇舌。他偏不这样。于是,先登了一则寻人的启事,看看风色不对,再悬崖勒马,答应接受一切条件,只求我返回家中,还不够,再来两封信给陈部长(立夫)、朱家骅的道歉信。等他在七月十日的《大公报》上用大号文字登载出了向我道歉的启事后,为了顾全许多派别的纷争,顾全这三个无辜的孩子起见,我才忍气吞声地回到了那原不想再重返的家庭。又在轰炸声中,同逃到了湘西的汉寿。照理,事情是应该告一段落了,可是不久,他又单身去闽,置妻儿于湘西危城中而不顾。待到粤汉相继失陷后,等我挈老携幼于长沙的烽火中逃了出来,正打算去福州的途中,却忽得浙江舍弟来电,谓这无赖,又一连拍了七八道电报给浙江省府诸人,找寻我的下落。电文且误指我已在浙江与某君同居等不堪设想之言辞。"

王映霞在一九三九年三月十八日致陆丹林的这封信里,还写到了一个细节,那便是,她和郁飞到了福州之后,向郁达夫说了她已经知道郁达夫在发电报调查她的行踪,她很生气,所以让郁达夫答应她的条件,才跟他到新加坡。于是,郁达夫"自知理屈,答应了我的条件,立刻再发了一个七八十字的长电去浙江省府,大意是'达夫误信谣言,致疑妻映霞已在浙,今已偕同赴星'等语。"

王映霞的《一封长信的开始——谨读〈大风〉三十期以后的呼声》,是一篇非常高情商的文字,可以说,是一封经过反思和深思后,决定仍然不离婚和郁达夫继续过下去的商议书。

这封信既写得有文采,又有尊严,先是说了她自己的决心:"我呢? 我又为什么那样的愿意受你欺凌而不自观? 难道真的犯了天大的罪恶了吗? 实实在在,我还是在为着这三个无辜孩子,与想实践十二年前我答应你结婚时候的决心啊!"

她又分析郁达夫为什么急着在《大风》杂志上发表那些诗和注释。她写道:"你对我宁可尽情痛骂,尽情攻击,而永远都不敢说出分开两字来的原因,我也明白。第一,你是怕世人把你的纸老虎的行为戳破而痛骂,负担了始乱终弃的大罪;第二,是为了怕我与你分开后,立刻回得去和那个被你猜妒而全非事实的人结婚。这未免也是你的过虑了! 关于前者,一切自有公论,又何苦要我自动地去告发你重婚遗弃的罪名呢? 请你千万可以放下心来;后者呢? 你把女子的结婚,一个有灵魂、有思想的女子的结合,看得太容易了。实在说,又有谁逃出了棺材,而再即刻爬进另一口棺材里去的? 对于婚姻,对于女子的嫁人,那中间辛酸的滋味,我尝够了,我看得比大炮炸弹还来得害怕。我可以用全生命、全人格来担保,我的一生,是决不致再发生那第二次的痛苦的了。这一点决心,怕一定会强过你,胜于你这个以欲为生命的无

276

聊者。"

在这封长信的最后,王映霞写道:"我的灵魂,我的心肠,我的热情,十二年来,渐渐地,已被你磨折得干干净净,如今所余留着的,也只有这一个不久即将消灭的肉身。但我对于你,依然是不念旧恶,不计长短。对家庭、对孩子们的一点责任心,始终还是有的,而同时也盼望你读了我这封长信后,明白你自己一切的错误,痛改前非,重新来做一个好人,切不可再以日本式的压迫来压迫我,成为一个阴险刻薄的无赖文人!这样平心静气地劝导你,我想总要比请律师、上法庭有意义、有效力得多。在敌寇侵略中国的怒潮之中,又何苦拿了枪杆向自己放?我们应该看得远,看得大,把私人间的仇恨,全丢弃在抗敌的紧张情绪之后,万不可变成只重空谈,而不讲实际的一个人。永远不会吃亏的映霞。"

落款是"永远不会吃亏的映霞",差不多也向读者展示了,平时吵架,也都是郁达夫服输的。

王映霞在这封信里,其实是妥协了。她一个人在这样一个远离家乡的地方,如果真的离婚了,回到家里也是没有脸面。想来想去,虽然是嘴上不饶人,然而,信里面还是说,我不计较你,希望你能以后痛改前非。

王映霞如此用心良苦,然而,郁达夫却毫无反应,郁达夫忙碌着编辑副刊,开会,旅行,以及写信,却并没有对王映霞发表的信有任何意见。

这让王映霞更加恼火。于是，一九三九年的四月十七日，王映霞写了她最后一封信，《请看事实——到新加坡的经过》。

在这一封信里，王映霞变得更加毒辣了，她这样来攻击郁达夫："他十二年来，对于我为他的牺牲，对他的诚意与仰望，全都抛弃在天外，仅仅把我这一层弱点，这一点欲在人前争取胜利的弱点，倒牢牢地抓住了！因为无隙可乘，于是便兴风作浪，竟以那友谊间的信札，来算作我唯一的罪状，滥施攻击与谩骂。这样，就可以掩遮他的丑史，中伤我的声誉了吗？我也就能因此而服服帖帖地受他虐待了么？但是，他可没有想到，我是没有嫖过妓院、睡过燕子窠的人。我的为人，尽有过去的历史可凭，无论他怎样设法陷害，怕难以妨害到我往后的为人！最可恶的，就是他想用一箭双雕的毒计，说我曾受过某人的卅七万元港币的这一件谣言，他以为这样才成功了某人的贪污，证明了我爱钱的大罪。随后想想究竟还有些难以使人相信，于是再用了一那些哄骗孩子的方法来哄骗社会上的人，才又诬说我所受的这笔款项，是又被人以换美金夺了回去。"

这一段里，王映霞再一次否认，她和许绍棣的感情。还有那三十七万港币也是一个荒诞可笑的谣言。

同时呢，又说郁达夫可是有污点的人，而她没有嫖过妓女，也没有吸过鸦片。

怎么说呢，这样写，其实有些无聊。因为，郁达夫并不是在和

278

王映霞结婚以后有的这些缺陷,而是婚姻之前,结婚了以后,变好,恰好证明了,郁达夫为了爱情是可以变好的。

王映霞还说了郁达夫一件丑事,那就是有一年,她和郁达夫一起去普陀山旅行了一趟,外人不知道实情,还以为是他们两夫妻开心去玩耍的,而实际情况是,有一次郁达夫喝醉了酒离家出走,买了一张船票到了宁波,然而在宁波钱包被偷,他打电报求助,王映霞这才去送钱给郁达夫,后来他们一起到了普陀山。

又是为什么一起和郁达夫来到了新加坡呢?王映霞在这封《请看事实》的信里,也有着详细的说明,是因为,王映霞在去浙江江山的路上,得到了弟弟的电报,说是郁达夫正在各处发电报打探王映霞是不是已经回到了浙江丽水,去与许绍棣同居。结果,有人回电报告诉郁达夫说并未见到王映霞。郁达夫这才知道王映霞原来还在路上,于是派人叫王映霞直接带着长子去福州。

王映霞也正想要问罪于他,为什么打探自己会去丽水。王映霞的意思是,本来在武汉已经说清楚了,为什么不信任她。

结果,到了福州的第一夜,郁达夫在外面喝醉酒不回家,王映霞气急了,要离开福州回浙江。

郁达夫这才让友人帮忙劝说。

劝说的结果是郁达夫向王映霞写了一个悔过书:"昨晚因与友人夜谈,终夜不归,致招误解,以后当绝对不在外宿,除有必要事外,始终当与妻映霞在一处。"这是一九三八年十二月八日写的。

王映霞所写,与郁达夫所写,几乎是截然相反,且态度激烈。比如有一句王映霞是这样写的:"在《诗纪》上写些'我也已经决定了只身去国之计','她又从浙江赶到了福州,说将痛改前非,随我南渡',谁曾放过这样的屁,天下是有那么良善的丈夫的吗?"

连放屁这样的字眼都写了出来,可见王映霞是真的生气了。

如果一个阅读者,在当时读了王映霞的信,一定会被王映霞的信打动,因为,她的叙述,前前后后都是一个被骗者的角色设定,而郁达夫呢,只是一味地指责王映霞,让读者觉得,有可能是他的一种写作。毕竟,郁达夫是写小说出身的。

诗人汪静之在一九九三年八月撰写了《王映霞的一个秘密》一文,后来在一九九八年八月在泰国《亚洲日报》发表,他以知情人的身份,在海内外第一次公开了王映霞的一个秘密。汪静之的全文如下:

王映霞是我的妻子的同学。

我于一九二二年七八月间参加《女神》出版一周年纪念会上初次和郁达夫、郭沫若一见如故,郭郁二人当即邀我同到他俩的住处,从此成为朋友。

一九三八年春夏间我全家避难到武昌,住在察院坡亲戚家。当时达夫家住横街头,两家是近邻,常相往来。

后来台儿庄打了一场对日抗战的大胜仗,政府派了前线慰劳团,郁达夫参加慰劳团去了。

有一天王映霞来信说:"我肚里有了,抗战逃难时期走动不便,我到医院里请医生打掉。医生说:'要你男人一起来,才能把他打掉。男人不同意,我们不能打。'达夫参加慰问团去了,要很多天才会回来,太大了打起来难些,不如小的时候早打。某某姐(汪静之的妻子),我要请某某(汪静之)陪我到医院去,装做我的男人,医生就会替我打掉。请你把男人借我一借,某某是最忠诚老实的,达夫最信任他;如果请别的男人陪我去,达夫会起疑心的。"我的妻子马上说:"没有问题,让他陪你去好了。"

我就陪映霞过江到汉口,坐了黄包车沿江向下游走了半里多路,到私人开的一个小医院里。映霞对医生说:"我男人同来了。"医生就带映霞进里面病房里去了。我等在那里,等到映霞出来,我陪她回武昌。我和我妻子都认为逃难时怀孕不方便,应该打掉。

一天我到达夫家看他回来没有,王映霞的母亲说:"没有回来。"我看见阳春(达夫的长子郁飞的乳名)满脸愁容,我问他:"为什么不高兴?"他说:"昨夜姆妈没有回来!"我问:"她到哪里去了?"他说:"不知道。"我就问王映霞的母亲:"映霞到哪里去了?"她说:"不知道。是一部小汽车来接去的。"第二天我再到达夫家去,想问问映霞头一天到哪里去了。见了王映霞,她倒了茶请我坐下,我还没有开口,她就谈起戴笠家是花园洋房,家里陈设富丽堂皇,非常漂亮。谈话时露出羡慕向往的神情。我马上悟到她昨夜没有回家的原因了,原来是戴笠派小汽车接她去了。所以王映霞满脸是兴奋、幸福、得意的表情。又想到难怪她要打胎,而且要在达夫外出时去打。

回家时我告诉了妻子,她很惊奇,表示不再和这位同学来往。我当时考虑要不要告诉达夫:照道理不应该隐瞒,应把真相告诉朋友,但又怕达夫一气之下,声张出去。戴笠是国民党的特务头子,人称为杀人魔王。如果达夫声张出去,戴笠决不饶他的命。太危险了!这样考虑之后,我就决定不告诉达夫,也不告诉别人。后来达夫从前线慰问回武昌了,我见他的时候,一句不泄漏。不久,我要到广州去了,去向达夫告别。一进去看见达夫和映霞正在争吵。达夫一见我,就指着映霞,一边哭一边向我说:"这个不要脸的女人,她居然和人家睡觉!"我一听,心里就很着急,怕达夫声张出去,杀人魔王马上会置他于死地。为了免得他闯祸,我就帮映霞掩饰。我说:"不会的,你不要相信谣言。"达夫马上说:"哪里是谣言!她的姘头许绍棣的亲笔信在我手里!"我听了马上就放心了。达夫一边告诉我:"万万想不到她会这样不要脸!"

一边说一边痛哭,满脸流泪,我从来没有见过一个男人这样号啕大哭,万分伤心痛苦的样子。王映霞也一边哭一边辩解。我就对达夫说:"你太爱她了,哭得这样伤心。冷静一点,夫妻商量解决好了,不要哭了。我是来向你告别的,我到广州去,票已买好,马上要去上车了,不能帮助你们商量解决了。再见!"

说着就回住处了。我离武汉后,不久,武汉也要撤退了。后来达夫往南洋去了。我和达夫没有再见过面。

一九四六年夏我回上海,我的妻子的一位同学(也是王映霞的同学)说:"王映霞从南洋回到重庆和某人(我忘了姓名)结了婚,就要戴笠帮忙,戴笠给她丈夫做运输汽车队队长,在滇缅路直到重庆做运输工作,汽车运私货,大发财。抗战胜利后,一九四五年戴笠给王映霞的丈夫做运输方面的宜昌站站长,也是发财的职务。上海接收时戴笠给了王映霞一座接收下来的洋房,成了王映霞所有的房产。"这位同学又说:"戴笠一直是王映霞的姘头,外人不知道,我和某某、某某同学知道。"

我和妻子听了她的同学说过之后,回家就两人做出决定,永远不能说出这些秘密,以免闯祸,杀人魔王太可怕了!

后来戴笠在飞机上炸死了,本来不用怕了,可是又想到王映霞本人不用怕,但她做过杀人魔王的姘头,可能也会受魔王的影响，说不定她可能也有可怕之处，因此，决定仍旧不敢说起。

前些时曾焯文先生来信，我仍旧不敢说，今天曾先生又来信，我想，我的妻子已去世，妻子的三位同学也已去世，如果那三位同学没有告诉别人，恐怕就仅存我一人知此秘密了。为了不愿我的老朋友、"五四"文坛的一位杰出作家郁达夫所遭受的莫大的耻辱悲惨的命运，永远沉冤不白，今天我下了决心，马上就执笔，一气写完这个秘密。

写完之后，不敢具名，迟疑片刻，就想出办法，且用一假名。

一九九三年八月二日蛀书虫写于乌有之乡。

汪静之在文章后面写了一页注释如下：

《王映霞的一个秘密》人名注释

"某某姐"是"竹因姐"。（"有一天"段）

"我要请某某"，是"静之"。（"有一天"段）

"某某是最忠诚"，是静之。（"有一天"段）

"一位同学"，是"钱青"。（"一九四六"段）

"某某、某某"，是"叶雅棣、叶雅珍"，是浙江女子师范学校校长叶墨君的二位千金。叶墨君不任校长后，在上海创办

天府味精厂,女儿同住在上海。("一九四六"段)

说明:

此文写成后,打算马上寄给香港的曾焯文先生,女儿伊甸看后,不赞成马上发表,要防着意外,迟点再发表为妥。因此,决定不发表,以后再说。

一九九三年八月三日汪静之于西子湖畔。

汪静之的文章一直到了一九九八年,才在海外泰国的《亚洲日报》发表,目的也是为了不引起麻烦。而汪静之本人于一九九六年去世,这是在他离世后两年才发表的。

这一篇文章是否能完全采信,读者可自己判断。

汪静之猜测王映霞怀孕可能与戴笠有关,而真实的情况可能未必是戴笠的孩子,因为郁达夫当着汪静之的面哭的时候,拿着的是许绍棣的信,而在到武汉之前,王映霞是和许绍棣有交集的。

让我们再回到一九三九年春天的新加坡。就在王映霞一个人关在屋子里给香港《大风》杂志写文章的时候,郁达夫正忙着用文章抗日。

一九三九年五月八日,在写给自己的老友夏莱蒂的信里,郁达夫陈述了自己当下的心情:"最后,想报告你一点我私人的事情,这次抗战军兴,从私人的打击上来说,我恐怕可算是受得最重的一个。新旧的住宅被毁，老母殉国，三十年来的藏书，尽被窃去，又兼以家门不幸事的丛生。若在平时，受到这样打击的话，恐怕我早已经不在人世了；但当这一个民族国家的生死关头，我倒反而因这种的打击而受了锻炼。一切的私情，个人的利害名誉，都忘记了；我已经变得像一只训练过后的抗战的木鸡……"

五月十六日，郁达夫回复香港《大风》杂志的主编陆丹林的时候，说："家事正在协议离婚中，蒙忠告，感甚。"

尽管在书信里已经告知陆丹林他和王映霞正协议离婚，但据《郁达夫年谱长编》，一九三九年的七月二日，郁达夫还和王映霞一起出席了一个素斋聚会。

又两月后，九月二十七日，还和王映霞一起乘火车到了吉隆坡，主持一个合唱公演的开幕典礼。二十九日又到马六甲，三十日才返回新加坡，返回新加坡后，又和王映霞一起拜访了他们共同的朋友王莹。

一九三九年十一月二十三日，郁达夫的长兄郁曼陀被汪伪特务暗杀。在抗日战争爆发以来，郁达夫家里已经牺牲两人。

一九四〇年三月，郁达夫和王映霞分居。王映霞到了她的同学李佩芬处暂住。

王映霞在她的《半生自述》里，有这样一段描述："说句良心话，夫妻闹到这种地步，应该是恨之入骨的了，但我并没有。我有时还在可怜他，还在为了他这一生中没有一个知心好友而惋惜，挂想他的今后生活如何度过。因此我之提出离婚,实在还是对他的一种试探。因为当时我并没有如他所说的有了可以写'情书'的'情人',更没有什么人已经在'等待'我。第一次无效,再来第二次。我就一个人到离开新加坡八十海里的廖内去住了下来(廖内有我的同学在办学校)。我是想到那边去教书散闷的。郁达夫并没有细味出我这行动的内在动机是什么。不但如此,他还写信到廖内学校里诋毁我。于是,我通过他的友人,第三次向他提出离婚,我对他说:'我没有任何条件,也不要什么东西,只望你能将护照还我,让我一个人回国就行。'出乎意料地,他这次竟允许了。但是,口头上答应,而护照仍扣留在他手里未曾交出来。我知道他并不愿意马上放我走。所以,还在有意刁难我,我亦只能装作不知,只请他立刻签字。他签了,我亦签了。这是一九四〇年三月的事。"

一九四〇年五月二十九日,郁达夫发表一首旧诗,标题极长,叫《五月廿三日别王氏于星洲,夜饮南天酒楼,是初来时投宿处》。诗很伤感,摘录于此:

自剔银灯照酒卮,旗亭风月惹相思。

忍抛白首名山约,来谱黄衫小玉词。

南国固多红豆子,沈园差似习家池。

山公大醉高阳夜,可是伤春为柳枝。

287

孙百刚后来又遇到王映霞,曾问过她,离开新加坡在南天楼吃分手宴的时候,郁飞是不是在场。结果王映霞说,根本没有南天楼的告别宴。

一九四〇年五月三十一日,郁达夫在香港的《星岛日报》发布了一则《郁达夫启事》,宣告与王映霞离婚:"达夫与王映霞女士已于本年三月脱离关系,嗣后王女士之生活行动完全与达夫无涉,诸亲友处恕不一一函告。谨此启事。"

而几天以后,王映霞在香港的《星岛日报》、重庆的《中央日报》和浙江的《东南日报》全都刊登了离婚书,标题叫《王映霞离婚启事》:"郁达夫年来思想行动,浪漫腐化,不堪同居。业已在星洲无条件协议离婚,脱离夫妻关系。儿子三人,统归郁君教养。此后生活行动,各不干涉,除各执有协议离婚书外,特此奉告海内外诸亲友,恕不一一。王映霞启。"

郁飞是唯一见证了父母离婚的孩子,一九四〇年,他已经十二岁了。后来,郁飞在《郁达夫的星洲三年》里有一段文字写了他父母离婚后他的感受:"一九四〇年五月,父亲和母亲终于离异。虽然从南来后家庭内的关系我早已朦胧预感到裂痕难以弥补,最后结局对于我终是来得突然。一天下午母亲忽然驱车到我住读的那家美国教会学校来接我,说一切手续都已办好,明天就上船回香港,嘱我此后要会照料自己。孩子对父母的事又有什么说的,我默默地随她到首都电影院,看了场电影然后回家。次日清晨为赶快脱离这难堪的境地,竟没想到该送送她就匆匆回校了。家庭变故在各人——尤其是孩子——心头造成的创伤是可想而知的。此后父亲逗我玩时不经心间会提到往昔三人在一块时说过的玩话,出口以后,两人都立即想起当初的情景,全都默不作声了。"

王映霞在自传中曾经说,虽然分手了,但是,她从来没有忘记郁达夫。

而郁达夫呢,在离婚后不久写给林语堂的一封信里,还有些恨她,信里的话是这样的:"王氏已与弟完全脱离关系,早已于前月返国。此后之生活行动,两不相涉;我只在盼望她能好好过去,重新做人。若一误再误,至流为社会害虫,那就等于我杀伯仁了。"

与友人的信里这样评价已经离婚的前妻,确有些涉嫌诋毁了。然而,一面在书信里说王映霞的坏话,一面呢,又写旧诗来想念王映霞。就在给林语堂写信的同一天,郁达夫发表了一首旧诗,诗名叫《与王氏别后,托友人去祖国接二幼子来星,王氏育三子,长名阳春,粗知人事,已入小学,幼名殿春、建春,年才五六》,诗中最后一句是:"愁听灯前谈笑语,阿娘真个几时归?"

孩子问娘何时回来,真是一句伤心的问话啊,娘已经永远不回来了。

一九四一年的时候,郁达夫的家里住进了一个漂亮小姐,叫李小英。她是一个电台的播音员,郁达夫与李女士的感情很快升温。但是,郁飞不接受这位乘风破浪的小姐姐。一年后郁达夫和李小英分手,和郁飞长时间不接受也有一定的关系。

一九四三年九月十五日,已经是酒厂老板的郁达夫化名赵廉,与一位叫何如转的本地女孩结婚,并且给这个女人改了一个名字叫何丽有,意思是何丽之有。一直到一九四五年八月二十九日郁达夫失踪,这位赵廉兄的妻子才知道,她的老公原来是中国的大作家郁达夫。

这段经历,如果郁达夫没有被日本宪兵杀害,那么,该是多么精彩的一个自传体的小说啊,可惜,郁达夫再也没有机会写作他的酒厂老板的生涯了。真是可惜。

又想起孙百刚在《郁达夫外传》中提到的那位算命的先生,说郁达夫命里有一劫。

想来,也是不准确的。从算命到郁达夫死亡,整整过去了八年之久。又加上,郁达夫是因为去新加坡才流亡的。如果郁达夫一直在福建,可能,既不会家破,也不会人亡。

再来念郁达夫那两句诗:曾因酒醉鞭名马,生怕情多累美人。多好啊。

若说郁达夫的情太多,其实,十几年来,他的感情也只给了一个人。他之所以离婚,也是因为太伤心,他太珍惜自己所爱的女人,以至于,当他认为自己心爱的女人被人玷污,便觉得自己所珍惜的人,原来对自己并不珍惜。

富春江上神仙侣,不堪背后尽污泥。别人对他的羡慕,恰好是他流血的伤口。

时代的一声炮火,摧毁的不只是数百封信和一段婚姻,还有一个人内心里对爱的信仰。郁达夫和王映霞,这一对曾经活在情书里的神仙伴侣,终于也活成了别人茶余饭后的一个笑话。

爱情,可能大都抵挡不住时代的灰尘。郁达夫如此,尘世里万千相遇又分开的爱人,大都如此。

附录　毁家诗纪

一

离家三日是元宵,灯火高楼夜寂寥。

转眼榕城春欲暮,杜鹃声里过花朝。

原注

　　和映霞结褵了十余年,两人日日厮混在一道,三千六百日中,从没有两个月以上的离别。自己亦以为是可以终老的夫妇,在旁人眼里,觉得更是美满的良缘。生儿育女,除夭殇者不算外,已经有三个结晶品了,大的今年长到了十一岁。一九三六年春天,杭州的"风雨茅庐"造成之后,应福建公洽主席之招,只身南下,意欲漫游武夷太姥，饱采南天景物，重做些记游述志的长文，实就是我毁家之始。风雨南天，我一个人羁留闽地，而私心恻恻，常在思念杭州。在杭州，当然友人也很多，而平时来往，亦不避男女，友人教育厅长许绍棣君，就是平时交往中的良友之一。

二

扰攘中原苦未休，安危运系小瀛洲。

诸娘不改唐装束，父老犹思汉冕旒。

忽报秦关悬赤帜，独愁大劫到清流。

景升儿子终豚犬，帝豫当年亦姓刘。

原注

这一年冬天，因受日本各社团及学校之聘，去东京讲演。一月后，绕道去台湾，忽传西安事变起，匆匆返国，已交岁暮。到福建后，去电促映霞来闽同居。宅系光禄坊刘氏旧筑，实即黄莘田十砚斋东邻。映霞来闽后，亦别无异状，住至一九三七年五月，以不惯，仍返杭州。在这中间，亦时闻伊有行迹不检之谣，然我终不信。入秋后，因友人郭沫若君返国，我去上海相见，顺道返杭州；映霞始告以许绍棣夫人因久病难愈，许君为爱护情深，曾乞医生为之打针，使得无疾而终，早离苦海。

三

中元后夜醉江城，行过严关未解醒。

寂寞渡头人独立，漫天明月看潮生。

原注

"八·一三"战事继"七·七"而起，我因阻于战事，便自陆路入闽，于中元后一夜到严州。一路晓风残月，行旅之苦，为从来所未历。到闽后，欲令映霞避居富阳，于富春江南岸赁得一屋。然住不满两月，映霞即告以生活太苦，便随许君绍棣上金华、丽水去同居了。其间曲折，我实不知。只时闻自浙江来人言，谓许厅长新借得一夫人，倒很快乐，我亦只以一笑付之。盖我亦深知许厅长为我的好友，又为浙省教育界领袖，料他乘人之危，占人之妻等事，决不会做。况且，日寇在各地之奸淫掳掠，日日见之报上，断定在我们自己的抗战阵营里，当然不会发生这种事情。但是，人之情感，终非理智不能制服，利令智昏，欲自然亦能掩智。所以，我于接到映霞和许君同居信后，虽屡次电促伊来闽，伊终不应。

四

"寒风阵阵雨潇潇,千里行人去路遥。

不是有家归未得,鸣鸠已占凤凰巢。"

原注

这是我在福州王天君殿里求得的一张签诗。正当年终接政
治部电促,将动身返浙去武汉之前后。诗句奇突,我一路上的心
境,当然可以不言而喻。一九三八年一月初,果然大雨连朝;我自
福州而延平,而龙泉、丽水。到了寓居的头一夜,映霞就拒绝我同
房,因许君这几日不去办公,仍在丽水留宿的缘故。第二天,许君
去金华开会,我亦去方岩,会见了许多友人。入晚回来,映霞仍拒
绝和我同宿,谓月事方来,分宿为佳,我亦含糊应之。但到了第三
天,许君自金华回来,将于下午六时去碧湖,映霞突附车同去,与
许君在碧湖过了一晚,次日午后,始返丽水。我这才想起了人言
之啧啧,想到了我自己的糊涂,于是就请她自决,或随我去武汉,
或跟许君永远同居下去。在这中间,映霞亦似曾与许君交涉了很
久,许君似不肯正式行结婚手续,所以过了两天,映霞终于挥泪别
了许君,和我一同上了武汉。

五

千里劳军此一行,计程戒驿慎宵征。

春风渐绿中原土,大纛初明细柳营。

碛里碉壕连作寨,江东子弟妙知兵。

驱车直指彭城道,伫看雄师复两京。

六

水井沟头血战酣,台儿庄外夕阳昙。

平原立马凝眸处,忽报奇师捷邳郯。

原注

四月中,去徐州劳军,并视察河防,在山东、江苏、河南一带,冒烽烟炮弹,巡视至一月之久。这中间,映霞日日有邮电去丽水,促许君来武汉,我亦不知其中经过。但后从一封许君来信中推测,则因许君又新恋一女士,与映霞似渐渐有了疏远之意。

七

清溪曾载紫云回,照影惊鸿水一隈。

州似琵琶人别抱,地犹稽郡我重来。

伤心王谢堂前燕,低首新亭泣后杯。

省识三郎肠断意,马嵬风雨葬花魁。

原注

六月底边,又奉命去第三战区视察,曾宿金华双溪桥畔,旧地重来,大有沈园再到之感。许君称病未见。但与季宽主席等一谈浙东防务、碧湖军训等事。

八

凤去台空夜渐长,挑灯时展嫁衣裳。

愁教晓日穿金缕,故绣重帏护玉堂。

碧落有星烂昂宿,残宵无梦到横塘。

武昌旧是伤心地,望阻侯门更断肠。

七月初，自东战场回武汉，映霞时时求去。至四日晨，竟席卷所有，匿居不见。我于登报找寻之后，始在屋角检得遗落之情书（许君寄来的）三封，及洗染未干之纱衫一袭。长夜不寐，为题"下堂妾王氏改嫁前之遗留品"数字于纱衫，聊以泄愤而已。

九

敢将眷属比神仙，大难来时倍可怜。

楚泽尽多兰与芷，湖乡初度日如年。

绿章迭奏通明殿，朱字勾抄烈女篇。

亦欲赁春资德曜，羡廖初谱上鲲弦。

原注

映霞出走后，似欲重奔浙江，然经友人劝阻，始重归武昌寓居。而当时敌机轰炸日烈，当局下令疏散人口，我就和她及小孩、伊母等同去汉寿泽国暂避。闲居无事，做了好几首诗。因易君左兄亦返汉寿，赠我一诗，中有"富春江上神仙侣"句，所以觉得惭愧之至。

十

犹记当年礼聘勤,十千沽酒圣湖濆。

频烧绛蜡迟宵柝,细煮龙涎浣宿熏。

佳话颇传王逸少,豪情不减李香君。

而今劳燕临歧路,肠断江东日暮云。

原注

与映霞结合事,曾记在日记中。前尘如梦,回想起来,还同昨天的事情一样。

十一

戎马间关为国谋,南登太姥北徐州。

荔枝初熟梅妃里,春水方生燕子楼。

绝少闲情怜姹女,满怀遗憾看吴钩。

闺中日课阴符读,要使红颜识楚仇。

原注

映霞平日不关心时事,此次日寇来侵,犹以为是一时内乱;行则须汽车,住则非洋楼不适意。伊言对我变心,实在为了我太不事生产之故。

十二

贫贱原知是祸胎,苏秦初不慕颜回。
九州铸铁终成错,一饭论交竟自媒。
水覆金盆收半勺,香残心篆看全灰。
明年陌上花开日,愁听人歌缓缓来。

原注

映霞失身之夜,事在饭后,许君来信中(即三封情书中之一),叙述当夜事很详细。当时且有港币三十七万余元之存折一具交映霞,后因换购美金取去。

十三

并马氾洲看木奴,粘天青草覆重湖。
向来豪气吞云梦,惜别清啼陋鹧鸪。
自愿驰驱随李广,何劳叮嘱戒罗敷。
男儿只合沙场死,岂为凌烟阁上图。

九月中,公洽主席复来电促我去闽从戎,我也决定为国家牺牲一切了,就只身就道,奔赴闽中。

十四

汨罗东望路迢迢,郁怒熊熊火未消。

欲驾飞涛骑白马,潇湘浙水可通潮?

原注

风雨下沅湘,东望汨罗,颇深故国之思,真有伍子胥怒潮冲杭州的气概。

十五

急管繁弦唱渭城,愁如大海酒边生。

歌翻桃叶临官渡,曲比红儿忆小名。

君去我来他日谂,天荒地老此时情。

禅心已似冬枯木,忍再拖泥带水行。

重入浙境,心火未平。晚上在江山酒楼听江西流娼唱京曲
《乌龙院》,终于醉不成欢;又恐他年流为话柄,作离婚的讼词,所
以更觉冷然。

十六

此身已分炎荒老,远道多愁驿递迟。

万死干君唯一语,为侬清白抚诸儿。

原注

建阳道中,写此二十八字寄映霞,实亦已决心去国,上南洋去
作海外宣传。若能终老炎荒,更系本愿。

十七

去年曾宿此江滨,旧梦依依绕富春。

今日梁空泥落尽,梦中难觅去年人。

原注

宿延平馆舍,系去年旧曾宿处,时仅隔一年,而国事家事竟一

变至此！

十八

千里行程暂息机，江山依旧境全非。

身同华表归来鹤，门掩桃花谢后扉。

老病乐天腰渐减，高秋樊素貌应肥。

多情不解朱翁子，骄俗何劳五牡骓。

原注

船到洪山桥下，系与映霞同游之地，如义心楼之贴沙，为映霞爱吃的鲜鱼。年余不到，风景依然，而身世却大变了。映霞最佩服居官的人，她的倾倒于许君，也因为他是现任浙江最高教育长官之故。朱翁子皓首穷经，终为会稽郡守，古人量似太窄，然亦有至理。

十九

一纸书来感不禁，扶头长夜带愁吟。

谁知元鸟分飞日，犹剩冤禽未死心。

秋意着人原瑟瑟，侯门似海故沉沉。

沈园旧恨从头数，泪透萧郎蜀锦衾。

到闽后即接映霞来书,谓终不能忘情独处,势将于我不在中,去浙一行。我也已经决定了只身去国之计,她的一切,只能由她自决,顾不得许多了。但在临行之前,她又从浙江赶到了福州,说将痛改前非,随我南渡,我当然是不念旧恶的人,所以也只高唱一曲《贺新郎》,投荒到这炎海中来了。

贺新郎

忧患余生矣!纵齐倾钱塘潮水,奇羞难洗。欲返江东无面目,曳尾涂中当死。耻说与,衡门墙茨。亲见桑中遗芍药,学青盲,假作痴聋耳。姑忍辱,无多事。

匈奴未灭家何恃?且由他,莺莺燕燕,私欢弥子。留取吴钩拼大敌,宝剑岂能轻试?歼小丑,自然容易。别有戴天仇恨在,国倘亡,妻妾宁非妓?先逐寇,再驱雉。

原注

许君毕竟是我朋友,他奸淫了我的妻子,自然比敌寇来奸淫要强得多。并且大难当前,这些个人小事,亦只能暂时搁起,要紧的,还是在为我们的民族复仇!

参考书目

1.《郁达夫全集》第五、六、七卷,浙江大学出版社2007年7月第一版。

2.《回忆郁达夫》,陈子善、王自立编,湖南文艺出版社1986年12月第一版。

3.《郁达夫传记两种》,小田岳夫、稻叶昭二著,浙江文艺出版社1984年6月第一版。

4.《郁达夫风雨说》,于听著,浙江文艺出版社1991年6月第一版。

5.《郁达夫诗词抄》,周艾文、于听编,浙江人民出版社1981年1月第一版。

6.《郁达夫研究资料》(上下),陈子善、王自立编,花城出版社1985年8月第一版。

7.《千秋饮恨——郁达夫年谱长编》,郭文友著,四川人民出版社1996年10月第一版。

8.《富春江上神仙侣——郁达夫日记九种》,郭文友注,四川人民出版社1996年11月第一版。

9.《此恨绵绵无绝期——郁达夫爱情书简》,郭文友注,四川人民出版社1996年11月第一版。

10.《郁达夫资料补编》(上下),伊藤虎丸、稻叶昭二、铃木正夫编,东京大学东洋文化研究所昭和48年(1974年)3月。

11.《郁达夫外传》,孙百刚著,浙江文艺出版社1983年5月版。

12.《王映霞自传》,王映霞著,黄山书社2008年3月第一版。

13.《我与郁达夫》,王映霞著,广西教育出版社1992年2月第一版。

14.《郁达夫诗全编》,浙江文艺出版社1990年1月第一版。

15.《郁达夫小说全编》,浙江文艺出版社1989年12月第一版。

16.《春与秋的故事:郁达夫爱情志》,许凤才著,生活书店出版有限公司2014年11月第一版。

17.《文化史料丛刊》第六辑,文史资料出版社1983年6月第一版。

18.《郁达夫散文》(上中下),卢今、范桥编,中国广播电视出版社 1992 年 6 月第一版。

19.《郁达夫自叙》,赵红梅编,团结出版社 1996 年 4 月第一版。

20.《王映霞:关于郁达夫的心声——王映霞致黄世中书简(165 封)笺注》,黄世中编著,河南文艺出版社 2013 年 10 月第一版。